初中历史学科
时空观念核心素养培养研究

陈昔安 / 主编

东北师范大学出版社

长 春

图书在版编目（CIP）数据

初中历史学科时空观念核心素养培养研究 / 陈昔安
主编. 一 长春：东北师范大学出版社，2019.12
ISBN 978-7-5681-6332-3

Ⅰ.①初… Ⅱ.①陈… Ⅲ.①中学历史课－教学研究
－初中 Ⅳ.①G633.512

中国版本图书馆CIP数据核字（2020）第004189号

□策划创意：刘　鹏

□责任编辑：曲陆新　　　　　□封面设计：姜　龙

□责任校对：刘彦妮　张小娅　□责任印制：张允豪

东北师范大学出版社出版发行

长春净月经济开发区金宝街 118 号（邮政编码：130117）

电话：0431-84568115

网址：http：// www.nenup.com

北京言之凿文化发展有限公司设计部制版

廊坊市金朗印刷有限公司印装

廊坊市广阳区廊万路 18 号（邮编：065000）

2022年6月第1版　　2022年6月第1次印刷

幅面尺寸：170mm×240mm　印张：16　字数：300千

定价：45.00元

编　委　会

目录

下 篇　**教学设计**

课题结题报告

发展初中生历史时空观核心素养的教学策略研究结题报告

（深圳市教育科学"十三五"规划课题，编号：ybzz17099）

深圳市福田区翰林实验学校　陈昔安

深圳市光明区高级中学　李佳博

一、背景研究聚焦问题

问题提出背景

当今时代，科技进步日新月异，知识经济迅猛发展，经济全球化进程明显加快。在全球化的知识经济时代，为了在国际竞争中立于不败之地，人才培养成为各国的重中之重。因此，各国和各国际组织都加大了对人才培养标准的研究力度。近年来，联合国教科文组织（UNESCO）、欧盟（EU）、经济合作与发展组织（OECD），以及各发达国家和地区都开展了提升其国民核心素养的研究。由于经济全球化和科技交流的国际化，各国各地区对国民核心素养的研究也有很多相似之处。早在20世纪，联合国教科文组织就提出了基于终身学习的全民教育。1996年，国际21世纪教育委员会发表《学习：财富蕴藏其中》（《Learning: The Treasure Within》）的报告，提出"终身学习"应作为一切重大教育行动和变革的指导原则。该原则基于以人为本的教育理念，将提高教育质量的着眼点从"教"转向"学"，强调教育的使命就是使人学会学习。经过发展，到2003年形成"终身学习"五大支柱，即学会求知、学会做事、学会共同生活、学会自我发展、学会改变适应，实际上蕴含了对学生核心素养的培养与发展。

今天的中国正从人力资源大国向人力资源强国迈进，对人的核心素养的培养至关重要。2012年11月，中共十八大报告首次以24字概括社会主义核心价值观为立德树人。国家层面表现为富强、民主、文明、和谐；社会层面表现为自由、平等、公正、法治；个人修养层面表现为爱国、敬业、诚信、友善。2014年，教育部颁布《关于全面深化课程改革落实立德树人根本任务的意见》，明确要求"研究制订学生发展核心素养体系和学业质量标准"，依据学生发展核心素养体系修订课程方案和课程标准。

为了适应世界教育改革浪潮，增强国家人才竞争力，2014年，在借鉴国际经验、汲取中国优秀文化精髓、分析现行课程标准和调查社会不同群体对学生素养需求的基础上，教育部印发了《关于全面深化课程改革落实立德树人根本任务的意见》，正式提出"核心素养"的理念。在确定学生要发展核心素养的基础上，专家、学者们根据各学科特点构建了各学科的核心素养。历史学科核心素养是学生在学习历史过程中逐步形成的具有历史学科特征的必备品格和关键能力，是历史知识、能力和方法、情感态度和价值观等方面的综合表现，包括唯物史观、时空观念、史料实证、历史解释、家国情怀等。历史时空观念作为历史学科核心素养之一，是学生学习历史不可或缺、至关重要的"核心观念"。我们必须重视对学生历史时空观念的培养。

在教育部颁布《关于全面深化课程改革落实立德树人根本任务的意见》之后，历史教育专家及广大一线教师对历史学科核心素养及历史时空观念的研究日益深入，论文、研究报告层出不穷，为我们的研究提供了有益参考。具体有华南师范大学历史文化学院教授黄牧航发表的论文《历史新课程的教学如何帮助学生建立正确的时空观》、首都师范大学教授叶小兵关于《培养学生的历史学科核心素养——历史课程教材改革的新思路》的主题报告以及首都师范大学历史学院教授、博导徐蓝关于《关于修订高中历史课标的几个问题》的研究报告，这些文章及报告一经面世即在学界引起了广泛影响，成为研究的理论及实践依据。还有很多一线教师发表的具有实践意义的文章也有很大参考价值，如曹大梅和张秋生合作完成的《谈历史时空观素养的考查与培养——以新课标全国卷历史试题为例》、傅国兴发表的《高中历史时空观念的培养目标及教学策略——以中国近代史的教学为例》、冯刚发表的《历史核心素养之"时空观念"素养的培养途径初探》等。

在当前的初中历史教学中，由于教材、教师等诸多因素影响，大多数学生的历史时空观念较为薄弱。目前，部编版初中历史教材已经正式投入使用，教材的编写者非常注重培养学生历史学科的核心素养。此教材的编写特点之一就是立足时序，建立时空观念，注重点线结合，呈现历史面貌。目前看来，学术界对初中阶段历史学科核心素养以及对发展初中生历史时空观念核心素养的教学策略研究少之又少。如何把这一抽象概念落实到一线历史教学实践中，仍是一线教师需要努力探索的一个课题。由此可见，探究如何加强培养学生的时空观念具有现实意义。

二、核心概念界定

叶小兵对时空观念作为历史核心素养之一做出了精确的诠释："历史的时空观念是指历史时序观念和历史地理观念。任何历史事物都是在特定的、具体的历史时间和地理条件下发生的。只有将史事置于历史进程的时空框架当中，才能显示出它们存在的意义。历史学科的知识是构建在历史时空基础上的，对历史的认识必须从时空观念的角度出发。"马曙慧在论述对时间思维能力的培养时，将时间思维能力的内涵分为三种形式，即"了解表示时间的纪年概念和常识""历时思维"和"共时思维"。其中，"了解表示时间的纪年概念和常识"与"历时思维（从时间的纵向性特点出发来理解历史）"就是我们所说的历史时序观念或历史时间观念，而"共时思维（从时间的横向性特点出发来理解历史）"就是指历史空间观念，即历史空间是横向的历史时间。"共时思维"也是历史学科区别于地理空间观念的一个特性。

由此可见，历史时空观念是指"将所认识的史事置于具体的时空条件下进行观察、分析"。历史时空观念是立体的，是时间上和空间上的横向联系和纵向联系，是内在统一、不可分割的。历史时空观念的特点具有历时性和共时性。因此，学生在学习某一历史人物、历史事件或历史现象时，教师要帮助学生从特定的历史时空背景下进行具体的观察、分析，以形成历史发展脉络，进而理解当时的人和事，并形成正确的历史时空观念。

朱汉国认为，"学科核心素养"目标的提出将不再是简单地强调知识与技能目标，而是强调在学习知识与技能后获得的关键能力与人的发展品格。也就是说，培养学生历史时空观念素养不仅仅是让学生可以在时空观念的指导下了解历史、分析历史和解释历史，更重要的是学生能够形成正确的时空观分析和解决当前所面临的现实问题，以此形成正确的世界观，运用整体史观看待世界。基于前人研究的基础，故将历史核心素养之时空观念的概念阐释如下：

（一）素养的含义

素养即指从事某项活动时应具备的素质及修养，是先天条件与后天实践相互作用而形成的必要能力。

（二）核心素养的含义

《21世纪学生发展核心素养研究》的作者林崇德指出："核心素养是学生在接受相应学段的教育过程中，逐步形成的适应个人终身发展和社会发展需要的必备品格与关键能力。"

（三）学科核心素养的含义

"学科核心素养是学科育人价值的概括性、专业化表述，是知识与能力、过程与方法、情感态度和价值观的整合与提炼，是学生在学完本课程之后所形成的、在解决真实情境中的问题时所表现出来的必备品格和关键能力。"用叶小兵在《培养学生的历史学科核心素养——历史课程教材改革的新思路》中的阐述，"学科核心素养是学科育人价值的集中体现，是核心素养在特定学科的具体化，带有鲜明的学科特色，依托于具体学科的知识体系，是学生学习该学科之后所形成的、具有学科特点的思维品质和关键成就。"

（四）历史学科核心素养的含义

《普通高中历史课程标准》（征求意见稿）中指出："历史学科的核心素养是学生在学习历史过程中逐步形成的具有历史学科特征的必备品格和关键能力，是历史知识、能力和方法、情感态度和价值观等方面的综合表现，包括唯物史观、时空观念、史料实证、历史解释、家国情怀五个方面。"简而言之，历史学科核心素养是通过学习获得的关键能力和通过学习形成的能适合个人终身发展和社会发展需要的必备品格。

（五）时空观念的基本含义

时空观念是历史学科核心素养中重要的素养之一，是指在特定时间联系和空间联系中对事物进行观察、分析的意识和思维方式，是了解和理解历史的基础，是认识历史必备的主要观念。时间和空间应该是时空观念的两个维度，而不是单纯的、机械的组合。在这两个维度的有机组合下，学生对历史才会产生"立体感"，而不至于仅仅记忆书本上的印刷字体。叶小兵认为，历史的时空观念是指历史时序观念和历史地理观念，只有将史事置于历史进程的时空框架当中，才能显示出它们存在的意义。此处与《普通高中历史课程标准》对时空观念的界定相呼应，并且进行了一定的延伸，点明了历史的时空观念就是历史时序观念与历史地理观念。叶小兵所强调的时序观念，是一部分研究者的共识，但在时空观念中的"空间"方面，研究者却没有达成共识，只是笼统地称为空间要素。实际上，空间包含的内容有所争议。历史的时空观念更重要的地方不在于时与空的定义，而在于时与空的结合，这才应该是历史时空观念的最终落脚点。《普通高中历史课程标准》（征求意见稿）中指出：历史时空观念是指在特定时间联系和空间联系中对事物进行观察、分析的意识和思维方式，并在此基础上，将其内涵分解为五个方面：第一，能够知道特定的史事是与特定的时间和空间相联系的；第二，能够知道划分历史时间与空间的多种方式，并能运用这些方式叙述过去；第三，能够按照时间顺序和空间要素构建历史事件、历史人物、历史现象之间的相互关联；第四，能够在不同的时空框架下理解历史上的变化与延续、统一与多样、局部与整体，并据此对史事做出合理解释；第五，在认识现实社会时，能够将认识的对象置于具体的时空条件下进行考察。可以看出，本标准力图从整体上把握时空观念。在内涵分解上，本《标准》极力避免将时间与空间分开叙述，强调特定时间联系和空间联系。本《标准》对于时空观念的界定宽而有界、深而有度，容易以此为框架进行阐释，还能保持在界定范围之内，不至于偏离主题，有助于课题的展开。

三、研究的理论与实践意义

新一轮高中课程改革最重要的部分，是提出了以培养和提高学生学科核心素养为核心的课程与教学的新理念。《普通高中历史课程标准》中对高中生历史学科核心素养的界定是："学生在学习历史过程中逐步形成的具有历史学科特征的必备品格和关键能力，是历史知识、能力和方法、情感态度和价值观等方面的综合表现。"历史学科核心素养的提出经历了一个曲折反复的过程。2014年，历史组作为试点开始研究历史学科核心素养，先后提出过5个、8个、5个、5个、7个学科核心素养，涉及时空观念、史料实证、发展意识、多元联系、历史理解、历史评判、历史认同感等。直到2016年8月才整合为现在的5个，即唯物史观、时空观念、史料实证、历史解释、家国情怀。时空观念是5个学科核心素养之一。

2016年，教育部再次组织专家对高中课程标准进行修订，重点解决三个问题：第一，制定新课程方案，突出课程的多样性、选择性；第二，研制学生跨学科核心素养和学科核心素养；第三，将基于核心素养的学业质量标准融入课程标准。由此，高中历史课程将发生重大变化。

历史课程要将培养和提高学生的历史学科核心素养作为重心，使学生通过历史学习逐步形成具有历史学科特征的必备品格和关键能力。课程目标的确定、课程内容的编制、课程实施的措施、课程评价的标准、课程教材的编写等，都始终贯穿着发展学生历史核心素养这一核心任务。

经过几轮课改，呈现在大家面前的中学历史课堂发生了许多可喜的变化。历史教师努力践行新课程理念，突出学生的主体地位，积极通过转变自身的教学行为引导学生主动参与课堂教学。但课程改革之路注定需要慢慢摸索前行，过程中出现了林林总总的历史课堂教学模式，形式上全员参与、热热闹闹，然而冷静观之，效率并不高，无法达到真正意义上的高效历史教育。随着改革的不断推进，越来越多的人意识到没有任何一种课堂教学模式可以囊括所有的学科。历史学科是人文学科，有自身的特点，其终极教育追求是服务人生并引领人生，要使每一个受教育者借历史课堂认识自我、提升自我，要在公民教育中肩负起应有的担当。

然而摆在眼前的现实是，历史教学设计还存在视角狭窄、缺乏整合与拓展、缺乏与现实及热点相结合等很多问题：课堂教学环节机械呆板，用机械的"公式"解释复杂多变的历史事件，用平面、零散的历史知识解释立体连贯的历史现象；历史课堂千人一面，缺乏新意，致使历史教学只剩下冰冷而久远的历史年代和事件，历史知识无法有效转化为历史认识；学生缺乏学习兴趣与探究欲望，学习方法僵化，越来越多的学生直言喜欢历史但是讨厌历史课。这样的情况下，历史学科的功用是无法实现的。无论是国家层面还是学科层面，历史的学科素养都被提升到了相当的高度，它的提出可以引导广大一线教师明确历史教育的功能，还原历史课生动鲜活的本来面目。那么，如何构建既符合历史课程标准要求又能突出核心素养的优质高效的历史课堂已成为迫在眉睫的研究课题。

义务教育初中学段，历史课程是首次开设的课程。初中学段历史学科核心素养的培养对高中学段会产生至关重要的影响。在目前使用的2011年版《初中历史课程标准》对"时空观念"的涉及是在"课程目标"中，关于过程与方法的表述是："在学习历史的过程中，逐步学会运用时序与地域、原因与结果、动机与后果、延续与变迁、联系与综合等概念，对历史事实进行理解和判断。"随着高中历史课程标准的制定完成，初中历史课程标准的修订也是课程改革的大趋势。现阶段对初中历史学科核心素养之一——时空观念的研究尚处于起步阶段，因此我们的课题研究"发展初中生历史时空观念核心素养教学策略研究"具有一定的前瞻性和探索意义。

四、文献研究述评

（一）国外有关历史时空观念教学的研究述评

我国很多学者一直在关注和研究国外历史教学改革，在他们的研究成果中也涉及历史时空观念。这些研究成果主要从历史思维能力角度出发研究历史时序思维能力。研究成果比较丰富的是解读国外历史学科课程标准，也有一些学者通过介绍国外教学案例进行研究。"时序思维能力被认为是历史推理的核心。如果没有历史地看待时间的明确意识，学生肯定会把诸多事件看作一大堆杂乱无章的东西。没有强烈的年代学意识（指事件发生的时间、处在何种时间顺序当中），学生就不可能考察它们之间的相互关系或解释历史因果联系。年代学是组织历史思维的智力前提。"故在西方国家的历史课程标准中，将时空观念作为培养的重要目标。如美国社会科将历史、地理和公民三科整合，三科归一有助于时空观念的形成，且在历史课程标准中明确提出将时序思维能力作为首要培养任务，这有助于搭建新的知识体系。澳大利亚历史课程标准"知识与理解能力"板块提出："时间与年代学——对时间的不同理解；用于描述历史时期与以往时间的习惯做法；人物、事件及影响历史的诸多因素的年代表。知道古代世界和现代世界重要事件的历史时期，并对其排序，以了解历史时间之间的因果联系。"日本设置历史地理科，将历史与地理合并为一门学科，其内容分为世界史和日本史，要求学生学习世界史时理解世界历史的基本框架和演变过程，将世界历史与日本历史联系起来，注重培养学生以国际视野理解、分析历史。而在学习日本史时，从世界史视野考察与日本相关的国际环境，加深对日本文化和传统特色的认识。

首先，关于历史时空观念，不同国家与地区有不同的表述。1999年版的

《美国国家历史课程标准》提出培养学生的"chronological thinking"，中国学者把它翻译为"编年式的思考"或"时序思维能力"。2008年版的《英国国家历史课程标准》提出培养学生的"chronological understanding"，中文翻译表述为"时序理解"。表面上看好像只强调了历史时序观念，但经过仔细研究发现，英美两国的历史课程标准的培养目标已经把历史空间观念包含在内。如2008年版的《英国国家历史课程标准》，在主要阶段的能力目标部分分三个层次阐释"时序理解"：

（1）能够理解并运用准确的时间、词汇和术语描述历史时期和时间推移。

（2）通过描述和分析不同时期、不同社会特征之间的区别与联系，形成对不同时代和文明的总体认识。

（3）形成通史观念，并能将新学到的历史知识置于其特定的历史背景中。

这里的第二点，林淑慈翻译为："培养时期感，从描述和分析某些时期与社会的各种特色之间的关系入手。"同时她指出，培养"时期感（sense of periods）"是英国教育学者认为时期观念（ideas of period）既可让学生深入过去的时空，了解当时人们所思所想，也能让学生跳出过去，审视古今之间的距离和差异。由此可以看出，这里的"时序理解"就是历史学科核心素养中的"历史时空观念"。吴翊君在分析美国国家历史课程标准的能力目标时指出，在"编年式的思考"方面，"在时间概念上，由对时间的模糊（K-2）到对年代时间的确立（3～4年级），以至于了解同一年代多层次时间进程的概念（5～6年级）。在空间概念上则由近及远，从认识自己、学校和社区（K-2），扩充到、州及国家（3～4年级），再扩及不同国家（世界）的关系（5～6年级）"。

从以上内容可以看出，不管是《英国国家历史课程标准》提出的"时序理解"内涵，还是《美国国家历史课程标准》中所论述的"时序思维能力"，两者均包含了历史时间和历史空间两个要素。由此可见，"时序思维能力"或"时序理解"与中国教育界提出的历史学科"时空观念"素养内涵是基本一致的。针对不同的表述，笔者将采用"时空观念"这一说法。因此，本节以下内容所提到的"时序思维能力"或"时序理解"等概念均等同于历史时空观念。

其次，通过查阅我国学者对国外历史课程标准的研究成果发现，英国、美国、日本、韩国、澳大利亚等国家，不论在课程内容的安排上还是在国家课程标准的培养目标上，都充分体现了对培养学生历史时空观念的重视。关于这方面的内容，赵亚夫在《国外历史课程标准评介》一书中已有详尽的叙述。除此以外，叶小兵、李稚勇、何成刚等一些学者以及一些硕士论文都介绍、解读了国外历史课程标准。较早关注《美国国家历史课程标准》的是叶小兵教授，他在《美国历史科国家标准对历史思维的论述》一文中介绍了1995年美国颁布的历史科国家标准对中学生历史思维能力的培养和具体的要求，其中重点阐述了时序思维能力的培养；李稚勇的《英国历史科国家课程标准论析》详细阐述了1999年《英国国家历史课程标准》学习大纲三阶段对于知识、技能与理解能力的要求，其中就涉及对"编年式理解"的要求；赵国惠等学者在《英国历史学科国家课程标准探析》一文中也说明了英国1999年所修订的课程大纲对于时序意识的重视，强调学生学习历史首先应侧重"理解历史的时序性"；何成刚等学者的《历史教学中时序观念的培养》一文中解读了英国关于"历史时序"的历史教学案例；常萍的硕士论文《中美初中历史时序思维教学的比较研究》运用比较研究方法，对中美初中历史时序思维教学进行全面而深入的分析；李锡海的《美国历史和社会科学分析技能探析》一文中指出美国加州10年级《世界历史》教科书所涉及的"历史和社会科学分析技能"包括"时序和空间思维"，并列举案例进行解读和分析。

（二）国内有关历史时空观念教学的研究述评

我国初高中历史课程标准也在跟西方国家历史教学方向接轨，促使历史教学褪去单纯传授知识的外衣，向提升学科能力及学科素养转变。如《全日制义务教育历史课程标准（实验稿）》规定："在熟练掌握基础历史知识的过程中，逐渐培养形成正确的历史时空观念，并且能够掌握历史年代计算法，使用与识别相关历史图标等基本技能。"另《全日制义务教育历史课程标准解读》中提出："学生通过历史教育学习必须具备的几项基本能力，如正确识读历史地图、准确指认和判断历史事物空间范围的能力。"新课标中知识与能力板块要求"初步学会在具体的时空条件下对历史事物进行考察"，并在教学活动建议中提醒"观察秦疆域图，建立时空概念"。在高中历史教学中对时空观念提出了更高层次的要求，同时阐明了时空观念在高中历史学习中的重要性。按《普通高中历史课程标准（征求意见稿）》（2017年版）述："时空观念是在特定的时间联系和空间联系中对事物进行观察、分析的意识和思维方式。任何历史事物都是在特定的、具体的时间和空间条件下发生的，只有在特定的时空框架中，才可能对史事有准确的理解。"故可知晓，相关教育部门对历史时空观念越发重视。

从文献来源分析，对历史时空观念素养的研究成果主要集中在高校及研究所，中小学一线教师较少；研究大多停留在理论层面，从整体上提出科学的建议和指导，应用于具体的教学实践的研究还比较少。其中主要有由教育部基础教育课程教材专家工作委员会组织编写的《义务教育历史课程标准（2011年版）解读》，书中对培养学生的历史时空观念的重要性提出了一些具体的要求。陈超在《历史学科核心素养的构成与培养》一文中，从理论层面提出了培养学生时空观念的具体建议。从具体的教学实践层面讨论历史时空观念培养的主要有贺千红、宋景田、曹大梅和张秋生的文章。

从研究内容来看，很多文章从整体上对"历史学科核心素养"进行研究，"时空观念"仅仅是其研究内容的一个子目录或涉及的一小部分内容，单独将"时空观念"作为主题研究的文章较少。对于如何培养学生的历史时空观念，大多数文章都是择其一而述，或从历史时间观念和历史空间观念两个角度分开阐述，其中研究成果比较丰富的是"历史时间观念"，对"历史空间观念"的研究较少，只有极少数是将两者有机结合起来进行研究的。这些研究主要是从课程标准分析、思维能力的内涵和课堂教学中的培养方法三个角度展开。

从课程标准分析的角度进行研究的文章主要有：叶小兵在《〈义务教育历史课程标准〉（2011年版）的新变化》一文中涉及对时序思维的关注；徐蓝在《遵循历史学科时序性，凸显历史发展主线——历史课程标准修订解读》一文中阐述了《义务教育历史课程标准》（2011年版）在教学目标、教学内容要求上的新变化；韩悦琦的硕士论文以新版课标为中心，对我国历史课程标准加强时序思维的培养做出深入分析。

从内涵的角度进行研究的主要有王延科、赵恒烈和马曙慧等人的文章。

从培养方法的角度进行研究的主要有蔺子武、赵恒烈、赵士祥、姚锦祥等人的文章；张晓东、程燕等的硕士论文对比进行了研究。

从整体上对历史时空观念进行研究的著作有张庆海的《中学历史教学中的史学理论问题》。他在论述"整体的历史研究法"时，提出构成历史时间和空间的整体性，引导学生建构立体的、全面的历史思维。

这些研究成果显示出历史时空观念在教学中的重要性。

五、研究目标、研究内容与创新之处

（一）研究目标

1. 通过研究和实践，发展初中学生历史时空观念核心素养

让学生知道特定的史事是与特定的时间和空间相联系的；能够知道划分历史时间与空间的多种方式，并运用这些方式叙述过去；能够按照时间顺序和空间要素，建构历史事件、历史人物、历史现象之间的相互关联；能够在不同的时空框架下理解历史上的变化与延续、统一与多样、局部与整体，并据此对史事做出合理的解释。在认识现实社会时，能够将认识的对象置于具体的时空条件下进行考察。

2. 通过研究和实践，促进教师专业发展

通过开展发展初中生历史时空观念核心素养的历史教学策略研究，开展有效的教学活动，除落实课本基础知识点以外，与地理学科相结合，在时间观念和空间观念相结合的基础上更好地培养学生学习历史和认识历史的基本能力，培养学生学习历史的兴趣。同时，引领课题组成员以及区域历史教师以优化课堂教学策略为抓手，不断创新教研工作方式，提高教研活动水平，充分发挥教学研究对深化教学改革、促进教师专业发展的重要作用，促进教师专业水平的提高。

3. 通过研究和实践，形成一套有效的发展初中生历史时空观念核心素养的历史教学策略

通过对发展学生历史时空观念的教学策略的研究，构建优质的历史课堂。新课改以来，历史课堂教学经历了从最初追求形式上的创新，到今天越来越意识到一堂真正有底蕴的历史课更应该在思想和内容上达到一个高度才能给学生带来启悟，人们越来越期待历史课堂可以实现教学思想性与趣味性的和谐统一。在这种思想的主导下，我们尝试探寻一种既遵循新课程理念，也不回避客观存在的学业水平考试评价原则，同时符合历史学科特点的优质教学模式，通过优化历史课堂教学策略，发展和提升初中生历史时空观念核心素养，为学生的终身发展奠基。

（二）研究内容

在发展初中生历史时空观念核心素养教学策略研究中，要制定有效的教学策略，在规定的时间内完成教学任务，实现具体的教学目的，关注学生历史时空观念的培养，并能使教师教得轻松、学生学得愉快。具体来说，我们的研究内容包括：

（1）初中历史学科时空观念核心素养核心概念界定。

（2）初中历史学科时空观念核心素养调查研究。

（3）初中历史学科时空观念核心素养水平划分及测试评价实验研究。

（4）初中历史学科时空观念核心素养培养教学方案研究。

（5）初中历史学科时空观念核心素养培养课堂教学策略研究。

（三）创新之处

创新点一：精准制定有效教学目标，为发展学生历史时空观念核心素养领航

教学目标是课堂教学的出发点和归宿，对教学起到引领、指导、规范和约束的作用。教学目标的设计是否准确、清晰、有效，直接关系到历史时空观念学科素养的培养与发展，不仅影响着教学过程的开展，也在很大程度上牵制了最终的学习效果。因此，教师在教学目标设定时必须深刻领会历史时空观念学科素养的内涵等要素，仔细研读历史课程标准、初中生学情及教学要求，把握好历史时空观念学科素养的内在联系，为发展学生历史时空观念素养领航。

创新点二：巧妙创设有效课堂教学策略，使学生领悟历史时空观念核心素养内涵

教师实施教学策略的目的是有目的地引入或者创设具有一定情绪色彩的、以形象为主的、生动具体的场景，帮助学生理解教学内容，并使学生的认知水平、智力水平、情感态度等得到优化与发展的教学方法。其中，问题情境教学法和合作探究是最常用的教学方法。

所谓问题情境，是指学生已经明确要达到的目的，但又不知如何达到这一目的时的一种心理困境，即已有知识不能解决新问题时出现的一种心理状态。要摆脱这种处境，就必须拟定出以前未曾有过的新的活动策略，即完成创造性活动。创设问题情境的实质在于揭示事物的矛盾或引起学生内心的冲突，动摇学生已有认知结构的平衡状态，从而唤起学生的思维，激发其内驱力，激起学生获取新知识的愿望和兴趣，使学生进入问题探索者的角色，真正参与到学习活动之中，进而促使他们积极思维，达到掌握知识、训练思维能力的目的。

所谓合作探究，就是在教学中围绕教学目标选择和确定相关研究主题，创设一种探究的情境，通过学生分工、合作、阅读、思考、讨论、交流等活动形式，获得知识、技能、态度与价值观的发展，培养学生的探索精神、创新能力和实践能力的学习方式和学习过程。通过合作学习凸显学习的交往性、互动性、分享性，培养学生合作的精神、团队的意识和集体的观念；通过探究学习强调学习的问题性、过程性、开放性，形成学生内在的学习动机、批判的思维品质和思考问题的习惯。因而，通过巧妙创设课堂教学情境，恰当运用课堂合作探究，有助于锻炼学生学科思维能力和学科综合能力，有效培养学生历史时空观念核心素养。

创新点三：充分利用课堂教学测试评价，促进学生历史时空观念核心素养发展

教学评价是培养学生历史时空观念核心素养的一个支撑点。正确的教学评价引导着学生的学习态度和学习行为，影响着学生的成长时间和学习面貌。多元智能理论认为，评价是一个不断发展的动态过程。没有多元评价，就无法客观、公正地判断课程目标是否达成，就不能有目的地改进和提高教学质量。教学评价不能仅仅片面地针对某一方面的智能，应建立"为多元智能而评"的全面评价理念，通过评价促进学生潜能的发挥和个性的发展，让所有的学生都真切地感受到"天生我才必有用"。多元评价关注学生个体发展的差异性和个体发展的不均衡性，强调评价目标的多元化、评价主体的多元化和评价方式的多元化，重视评价功能的发展性和对学生个体发展的建构作用，其实质是全面地评价学生，以促进学生的发展。在课堂教学中实施多元评价，有利于培养学生自我评价和评价他人的能力，有利于突出学生学习的主体地位，真正把知识、能力、情感、态度等诸方面的考查渗透到各个教学环节，提高教学效率，促进学生主动全面发展，这正是新课程评价所倡导的改革方向。因此，教师必须从根本上改变传统的评价模式，建构多元化评价模式，发挥反馈和评价功能，促进学生历史时空观念核心素养发展。

六、研究程序

（一）研究理论依据

1. 公共史学

公共史学又称为大众史学、应用历史学，是史学在公共领域的使用。公共史学不仅包括传统的历史学理论和方法，还包括更为广泛的内容。具体来说包括：第一，社会道德与价值观分析与培育；第二，传统职业历史学方法论与实践性训练；第三，跨学科（社会学、心理学、传播学等）知识储备；第四，公众历史知识生产的组织和实务操作。历史面向大众，走向公共领域，其具体内容也发生了相应的变化。"历史书写"被分为"大历史书写"与"小历史书写"，"大历史书写"针对的是国家、民族、世界等宏观层面的历史叙事，而"小历史书写"则有个人史、家庭（家族）史、乡村（小区）史、公司（企业）史、特殊群体史（女性、劳工等），从国家和民族的层面构建时空观。

2. 建构主义理论

建构主义理论一个重要的概念是图式，是指个体对世界的知觉、理解和思考的方式，也可以把它看作心理活动的框架或组织结构。图式是认知结构的起点和核心，或者说是人类认识事物的基础。因此，图式的形成和变化是认知发展的实质。认知发展受三个过程的影响，即同化、顺化和平衡。

3. 新课程理论

在教与学方式转变的大背景下，《高中历史课程标准》在教学目标中强调知识与能力、过程与方法、情感态度与价值观三个维度的目标，改变了以往对知识死记硬背的陈规，提出了历史学科五大核心素养的概念，开始关注学生综合素养的提高和培养，要求学校基础教育要走出樊笼，以新的评价标准来评价学生、评价教学效果，从评价出发，转变学校以往的教学方式。

（二）研究方法

1. 文献研究法

课题组成员要按照课题组安排积极参加各项学习，利用各种途径收集整理与课题研究有关的资料，用于指导课题的研究与实验，集思广益，充分发挥团结协作精神。要查阅中国知网等网络资源和期刊、专著等相关书籍，搜集、整理关于历史时空观念的相关研究成果，了解研究现状及最新研究成果，为研究论述提供科学的理论依据，也为论文找准突破口。

2. 行动研究法

课题组成员在认真研究整体研究方案的前提下，制订并提交各自的研究计划和步骤，追求共性与个性的统一；采集、汇总初中历史教学中存在的问题，收集初中历史教学中的教学典型案例、课例等，并加以评析，为本次研究创设有效的教学案例。通过编制测试工具和前后测试题目，对学生进行测试，对学生的课堂表现情况进行课堂观察，就收集和整理的数据进行分析，调查学生在历史时空观念测试前后阶段的情况，在实验方案的框架内进行研究，在研究中发现并总结发展初中生时空观念有效的教学策略，构建培养学生时空观念有效的教学模式，不断完善形成新的认识，并进一步在实践中运用研究成果。在研究过程中及时总结，反思效果，提升结论，为论文的研究提供数据支撑。并在此基础上完成成果资料的收集、整理，形成研究总结报告，撰写科研论文。

3. 案例研究法

（1）选择不同教学个案进行分析，通过分析、收集、整理与课题相关的资料，为课题研究服务。

（2）形成典型的课例，总结得失，积累经验，推动课题研究的发展。

4. 调查研究法

深入各校开展广泛调研，了解不同学校学生对历史课堂的期望，以及一线教师在组织培养学生时空观念的教学中遇到的实际问题。以课题组成员所带班级学生为调查对象，通过谈话、访谈、发放问卷等方法收集资料进行分析，形成科学认识。

5. 科学的评价量规

时空观念的发展需要评价量规，科学合理地制定评价量规，发挥它对明确学习预期目的和对学习过程的指导作用，构建学生、家长和教师三维的评价体系，充分利用评价量规促进学生自评和互评，强调学生在自评、互评后运用量规修改自己的作业。除教师对尝试的量规评价外，将家长也纳入评价量规中来，以帮助学生学习和进步。在具体操作手段上应采取加分法，学生自评和互评越准确，加分越多。在学习过程中，不断提醒学生注意量规的要求，对有问题的地方及时提供反馈。

七、研究过程

第一阶段：准备阶段（2017年10月—2017年12月）

建立课题研究小组，明确分工，确定研究方向，完成课题实施方案，搜集相关资料，分析该课题的现状及发展趋势，学习先进理论及成功经验。

第二阶段：实施阶段（2018年1月—2019年3月）

按照实施方案分阶段、分步骤实施，不断反思、总结、改进，及时调整和修改研究目标，并撰写问卷调查报告、教学实录、论文、阶段性总结、反思等，最后形成高质量的教学研究论文。

第三阶段：理论研究阶段

1. 时 间

2018年1月—2018年3月。

2. 主要研究内容及任务

继续开展文献研究，通过搜集、学习相关专著及论文，了解历史时空观念核心素养的基本内涵及国内外史料教学研究现状，并进行理性分析；开展区域、学校历史时空观念核心素养教学策略实施现状问卷调查，分析区域、学校历史时空观念核心素养教学策略实施状况及原因。在此基础上，组织课题组成员研讨、论证并优化课题研究方案，编制课题研究实施方案。

3. 主要工作安排

（1）召开课题组第二次会议，集中进行理论学习。

（2）邀请专家进行理论指导，论证研究方案。

表1-1 工作安排表

序 号	时 间	姓 名	职 务	指导内容或讲座题目
1	2017年11月13日	林海珠	广东省名师工作室主持人	历史教学策略研讨
2	2017年11月30日	魏恤民	广东省历史教研员	课题开题指导
3	2017年11月30日	唐云波	深圳市历史教研员	课题开题指导
4	2017年11月30日	张红霞	深圳市福田区历史教研员	课题开题指导
5	2017年12月21日	任鹏杰	陕西师范大学教授、《中学历史教学参考》主编	历史学科核心素养研究
6	2018年5月30日	王继平	《中学历史教学》主编	《发展初中生历史时空观核心素养的教学策略研究》课题专项研讨活动

序 号	时 间	姓名	职 务	指导内容或讲座题目
7	2018年5月31日	黄牧航	华南师范大学历史文化学院教授	"构建时空观念、提升学科素养"的教学研讨活动
8	2018年5月31日	张红霞	深圳市福田区历史教研员	"构建时空观念、提升学科素养"的教学研讨活动
9	2018年5月31日	林佳	深圳市宝安区历史教研员	"构建时空观念、提升学科素养"的教学研讨活动
10	2018年5月31日	陈昔安	广东省名师工作室主持人	讲座《活用教学策略，构建时空观念，提升学科素养》
11	2018年9月12日	林楠	深圳市翰林实验学校教学副校长	《发展初中生历史时空观核心素养的教学策略研究》课题专项研讨活动
12	2018年9月12日	廖耿君	深圳市翰林实验学校教师发展处主任	《发展初中生历史时空观核心素养的教学策略研究》课题专项研讨活动
13	2018年9月12日	王继平	华南师范大学历史文化学院教授	《发展初中生历史时空观核心素养的教学策略研究》课题专项研讨活动
14	2018年9月18日	唐云波	深圳市历史教研员	讲座《发展初中生历史时空观核心素养的教学策略研究》《说题与说课》
15	2018年10月18日	陈昔安	广东省名师工作室主持人	讲座《时空观念培养的历史教学策略运用——以初中〈甲午中日战争〉为例》
16	2018年12月11日	陈昔安	广东省名师工作室主持人	讲座《发展初中生历史时空观核心素养教学策略及培养目标层次划分研究》

（3）开展区域、学校历史时空观念核心素养教学实施现状问卷调查，完成调查报告撰写。

（4）综合专家指导意见、调研情况分析，进一步完善实施方案。

4. 主要人员安排

（1）组织历史时空观念核心素养教学实施现状问卷调查。

负责人：张微。

参与人员：祝明、成秀芬、林焕城等。

（2）初中历史学科时空观念核心素养核心概念界定。

负责人：李念。

参与人员：赵文杰、张婷婷、阴倩雯等。

（3）初中历史学科时空观念核心素养培养课堂教学策略研究。

负责人：杨美婷。

参与人员：吴胜晖、廖琼等。

（4）初中历史学科时空观念核心素养培养教学方案研究。

负责人：董辉。

参与人员：戚佳丽、李巧凌、杨治晋等。

（5）初中历史学科时空观念核心素养水平划分及测试评价实验研究。

负责人：甘立杰。

参与人员：邹德美、陈向辉等。

第四阶段：实践研究阶段

1. 时　间

2018年3月—2019年1月。

2. 主要研究内容及任务

进一步学习理论，根据实施方案有计划、有步骤地开展行动研究。围绕初中生历史时空观念具体表现，通过历史教学培养初中生历史时空观念，发展初中生历史时空观念的教学策略，对初中生历史时空观念核心素养的观察和评估等方面进行研究，着力探索发展初中生历史时空观念核心素养的教学策略，逐步建构并优化发展初中生历史时空观念核心素养的历史课堂观察、评价量规，并及时提炼实施教学策略与教学评价的理性认识。

3. 主要工作要点

（1）每月召开一次课题组会议，组织集中理论学习、教学观摩、实验体会交流。

（2）各成员积极进行课堂实践，建构并优化发展初中生历史时空观念核心素养的教学策略流程建模。

（3）逐步吸收一些新成员，扩大研究面。

（4）完成课堂教学及学生素养提升等维度的评价量规研制，并在实践基础上不断完善。

（5）初步建立发展初中生历史时空观念核心素养教学策略资源库，并在区域内实行共享。

（6）及时总结阶段研究成果，在教研活动或其他培训活动中展示、交流。

（7）及时收集整理研究材料，汇总研究成果，争取大部分成员能够在省级刊物发表专题研究性学术论文。

第五阶段：总结阶段（2019年2月—2019年4月）

对本课题的研究过程、研究成果进行全面分析总结，形成完整的文本材料，既做好结题鉴定的准备工作，又积极商讨科研成果区域推广及后续研究事宜。

（1）2019年2月，召开课题组结题工作会议，布置结题有关工作事宜。

（2）2019年3月，广泛收集研究过程及成果材料，编印论文集、案例集等成果材料。

（3）2019年3月，约请相关专家指导，完成结题研究报告的撰写。

（4）商讨课题成果推广及进一步深入研究的新方案、新思路。

（5）2019年4月，接受深圳市教研部门专家的现场结题评估。

结题后，进一步梳理研究过程及成效，为课题评奖做好前期准备工作。

八、初中历史学科时空观念核心素养水平划分及测试评价实验研究

为了了解初中生历史学科时空观念素养的现状，以翰林实验学校九年级4个班级和石厦学校九年级2个班级为研究对象，编制测试工具和测试试题，并就测试结果进行分析和讨论。

（一）测试实施情况

2018年6月至8月是实验的准备阶段，主要工作是搜集、整理相关资料，学习相关理论知识，制定研究思路。依据《普通高中历史课程标准》（2017年版）和《义务教育历史课程标准》（2011年版），编制初中生历史时空观念水平培养层次，并搜集符合标准的中考真题，依据水平培养层次编制两套测试题，进行前测和后测两次测试。前测试题范围选自七、八年级，题型为单项选择题，共9道。测试对象是翰林实验学校九年级4个班级和石厦学校九年级2个

班级的学生，共296人。其中，翰林实验学院九（7）班50人、九（8）班51人、九（3）班49人、九（4）班52人［为翰林实验学校原八（7）（8）（3）（4）班］，石厦学校九（7）班46人、九（8）班48人［为石厦学校原八（7）（8）班］，总共合计296人。测试时间为九年级第一学期第一个月（2018年9月）。总共发放试卷296份，收回有效试卷292份，占总数的98.65%。

2018年9月至11月是实验的实施阶段。根据之前一次全区统考成绩，选择对照班和实验班，进行小规模实验。在初二第二学期期末全区统考，翰林实验学校九（7）班的平均分为86.1分，九（8）班的平均分为85.1分，落后（7）班1分；九（3）班的平均分为82分，九（4）班的均分为80.5分，落后（3）班1.5分；石厦学校九（7）班的平均分为86.2分，九（8）班的平均分为85.2分，落后（7）班1分。课题组决定选择翰林实验学校九（7）、九（3）班与石厦学校九（7）班为对照班，按照传统教学策略实施教学。选择成绩较为落后的翰林实验学校九（8）、九（4）班与石厦学校九（8）班为实验班，尝试运用历史时空观念培养策略进行教学实验。实验研究阶段从2018年9月开始，到11月期中考试结束。后测对象也是实验班［翰林实验学校九（8）（4）班，石厦学校九（8）班］3个班和对照班［翰林实验学校九（7）（3）班，石厦学校九（7）班］3个班，测试时间为2018年11月。后测试题范围选自九年级上册世界近代史的内容，共4道选择题，编入期中考试试卷进行测试，得出测试结果并分析讨论。前测和后测均采用网络问卷平台——问卷星发布问卷，得到相应的统计数据。

（二）测试工具编制

目前，已出版的《普通高中历史课程标准》（2017年版）对历史学科核心素养做出了清晰的概念界定和培养水平层次划分，是我国专家学者将历史教育理论渗透到中学历史教学的最新研究成果。《普通高中历史课程标准》（2017年版）将历史时空观念核心素养细分为四个水平层次：

水平一：能够辨识历史叙述中不同的时间与空间表达方式；能够理解它们的意义；在叙述个别史事时能够运用恰当的时间和空间表达方式。

水平二：能够将某一史事定位在特定的时间和空间框架下；能够利用历史年表、历史地图等方式对相关史事加以描述；能够认识事物发生的来龙去脉，理解空间和环境因素对认识历史与现实的重要性。

水平三：能够把握相关史事的时间、空间联系，并用特定的时间和空间术语对较长时段的史事加以描述和概括。

水平四：在对历史和现实问题进行独立探究的过程中，能将其置于具体的时空框架下；能够选择恰当的时空尺度对其进行分析、综合、比较，在此基础上做出合理的解释。

借鉴这一研究成果，并参考《义务教育历史课程标准》（2011年版）中对培养初中生历史时空观念的要求，在导师的建议和指导下，尝试设置划分了三个水平层次作为初中生历史时空观念培养目标。具体如下：

水平一：了解历史事件发生的具体时间、发展顺序及地理环境；初步学会识读历史地图和图表信息；了解纪年方法；掌握正确计算年代的方法。

水平二：初步学会在具体的时空条件下对历史事件进行考察，了解历史发展的基本线索和时代特征，从整体上把握历史。

水平三：能够认识事物发生的来龙去脉，理解事物之间的联系性，理解空间和环境因素对认识历史与现实的重要性。

为了解学生历史时空观念素养的现状，探讨初中生历史时空观念素养的培养策略，尝试根据《普通高中历史课程标准》（2017年版）和《义务教育历史课程标准》（2011年版）编制了《初中生历史时空观念培养层次》，并与试卷考查内容结合，形成《初中生历史时空观念能力测试工具细目表》，详见表1-2所示。

表1-2　初中生历史时空观念能力测试工具细目表

初中生历史 时空观念培养层次划分	试题考查维度	测试 形式	题号
水平一：了解历史事件发生的具体时间、发展顺序及地理环境；初步学会识读历史地图和图表信息；了解纪年方法；掌握正确计算年代的方法	了解历史发展顺序	选择题	1
	正确计算年代		2
	识读历史地图		3
水平二：初步学会在具体的时空条件下对历史事物进行考察，了解历史发展的基本线索和时代特征，从整体上把握历史	根据特定时空确定历史事件	选择题	4
	了解历史时代特征		5
	了解历史发展线索		6
水平三：能够认识事物发生的来龙去脉，理解事物之间的联系性，理解空间和环境因素对认识历史与现实的重要性	通过时空联系确定历史阶段特征	选择题	7
	厘清历史事件之间的对应关系		8
	了解历史事件之间的相互联系		9

（三）测试结果与分析（前测）

1. 水平一层次的结果与分析

表1-3　水平一层次测试分析表

初中生历史时空观念培养层次划分	试题考查维度	题号	正确率					
			对照班			实验班		
			7班	3班	7班	8班	4班	8班
水平一：了解历史事件发生的具体时间、发展顺序及地理环境；初步学会识读历史地图和图表信息；了解纪年方法；掌握正确计算年代的方法	了解历史发展顺序	1	94%	92%	94%	93%	91%	92%
	正确计算年代	2	98%	96%	97%	94%	92%	94%
	识读历史地图	3	46%	45%	48%	43%	44%	46%

在考查水平一的测试题中，"了解历史发展顺序"和"掌握正确计算年代的方法"最容易，试题分别考查的是中国古代朝代顺序和世纪、年代的换算，绝大部分学生都能选择正确。在课后与学生交谈时，学生表示"计算年代"已经是常识，不能错。也有个别学生表示，"中国古代朝代顺序"这一题能选出正确答案是因为运用了选择题的一些做题技巧，如果换成默写主要朝代顺序，未必能写出全部正确的顺序。以上说明九年级学生已经具备一定的历史时间观念。

"识读历史地图"是初中阶段培养历史时空观念的基础层次之一。在考查"识读历史地图"的测试中，第三题只有一半或接近一半的学生选出正确答案，这说明有一半以上的学生对佛教传入中国的路线没有形成历史空间观念。

2. 水平二层次的结果与分析

表1-4　水平二层次测试分析表

初中生历史时空观念培养层次划分	试题考查维度	题号	正确率					
			对照班			实验班		
			7班	3班	7班	8班	4班	8班
水平二：初步学会在具体的时空条件下对历史事物进行考察，了解历史发展的基本线索和时代特征，从整体上把握历史	根据特定时空确定历史事件	4	78%	76%	77%	61%	59%	63%
	了解历史时代特征	5	75%	73%	72%	70%	71%	70%
	了解历史发展线索	6	54%	53%	54%	43%	40%	42%

每一个历史事件或历史现象都不是一个孤立的个体，而是历史长河中的一朵浪花。在考查水平二的测试中，"根据特定时空确定历史事件"和"了解历史时代特征"相对较为容易，大概有2/3的学生能够掌握，但已有一定难度。成绩较差的是实验班，正确率分别只有60%左右和70%左右，"了解历史发展线索"的正确率只有40%左右。可以发现，学生对于某些重大历史事件比较清楚，但涉及认识和了解历史发展的基本线索和时代特征时，就开始混淆，甚至茫然，需要教师加强培养学生从长时段认识历史发展进程的能力，进而培养历史时空观念。

3. 水平三层次的结果与分析

表1–5　水平三层次测试分析表

初中生历史时空观念培养层次划分	试题考查维度	题号	正确率					
			对照班			实验班		
			7班	3班	7班	8班	4班	8班
水平三：能够认识事物发生的来龙去脉，理解事物之间的联系性，理解空间和环境因素对认识历史与现实的重要性	通过时空联系确定历史阶段特征	7	86%	85%	85%	82%	82%	81%
	厘清历史事件之间的对应关系	8	87%	86%	87%	81%	83%	84%
	了解历史事件之间的相互联系	9	46%	44%	47%	41%	40%	42%

《义务教育历史课程标准》（2011年版）要求"从历史发展的进程中认识历史人物、历史事件的地位和作用"，学生需要养成正确的历史时空观念，才能从历史时空维度出发正确认识、厘清历史事件之间的相互联系。从水平三的测试考查中可以发现，对于一些比较基础的历史主干知识，学生掌握得比较好。"通过时空联系确定历史阶段特征"和"厘清历史事件之间的对应关系"这两题考查的内容是比较基础的历史主干知识，大约有八成学生能够掌握，成绩较为落后的实验班正确率也能达到80%以上。"了解历史事件之间的相互联系"难度较大，正确率不到50%。这也说明学生掌握的历史知识是比较零碎、零散的，对于一些比较重要的历史阶段特征可以通过死记硬背记住，而对于长时段背景下的历史发展历程和历史脉络都比较模糊。

从以上分析可以看出：

第一，九年级学生的历史时空观念虽有一定基础，但仍有待培养提高。结合测试结果和对学生的访谈可以发现，九年级学生具备一定的历史时空知识，但较高水平层次仍然有待提高。对于短时段背景下的历史事件和某些中时段背景下的时代特征掌握得比较好，但对于长时段背景下的历史发展历程和历史脉络都比较模糊，未能在掌握一定历史知识的基础上形成历史时空观念。

第二，课本内容编排不符合初中生的认知心理特点。根据初中生认知发展规律，教育要遵循初中生身心发展的顺序性。从历史学科的课程性质出发，历史课程是人文社会科学中的一门基础课程，具有基础性、普及性。初中生初次接触历史课程，对于历史的学习应该采取循序渐进的原则，以普及历史常识为主，引领学生初步掌握基本的、重要的历史知识和技能，逐步形成正确的历史意识，为学生进一步学习与发展打下良好的基础。目前，即将退出历史舞台的课标实验稿版的初中历史教材虽然按照通史体例编排，但其课程设计思路更注重主题式学习，不利于学生掌握基本的历史发展线索和历史进程，学生普遍存在对历史阶段认识不全、时序观念、历史空间观念混乱等问题。到了高中阶段，学生往往因为历史时空混乱而出现历史理解方面的困难，也加重高中教师的教学负担。

第三，教师在教学过程中对于培养学生历史时空观念存在一定的问题。与历史教师进行有意识的交流时发现，有些教师在教学过程中缺乏历史时空意识，只注重讲授每一课的内容，对于教材缺失的历史朝代没有进行相应的补充，忽视了"点"与"线"的联系，忽视了引导学生归纳历史阶段特征，造成学生的历史时空观念混乱。教师对引导学生掌握历史时空术语和历史地图的阅读技巧都不够重视。有些教师认为，类似世纪、时代、年代、年号、公元等历史时空术语属于历史常识，不需要教师解释，学生看书自然能明白。阅读地图是地理学科的教学任务，不需要历史教师越俎代庖。其实，对于刚接触历史的初中生来说，这些专业术语是比较难理解的名词或概念，教师不解释或解释不到位就会一直影响学生学习、理解历史。另外，有些教师教学手段较为单调、单一，过于注重对历史知识的死记硬背；有些年轻教师缺乏经验，缺乏引导学生对历史现象之间进行横向和纵向联系、对比的意识；有些教师虽然能提到运用大事年表和历史地图等手段进行教学，但对于如何运用这些工具培养学生的历史时空观念还没有清晰的认识。

（四）初中生历史时空观念素养培养实验测评（后测）

本次测试时间为2018年11月。测试对象是实验班翰林实验学校九（8）、九（4）班和石厦学校九（8）班3个班，对照班翰林实验学校九（7）、（3）班和石厦学校九（7）班3个班，共296人，收回有效试卷296份，有效率为100%。测试试题编入期中考试试卷统一测试，考查范围为世界古代史和世界近代史，按照中考题型标准出题，分25道单项选择题（每小题3分，共75分）和2道综合题（共25分）。其中，考查学生历史时空观念的题目共4道，范围均为世界近代史内容，均为前测过后实施历史时空观念培养的教学内容。

1. 测试水平层级讨论

根据实验班和对照班的结果，结合前面编制的测试工具，分层展开分析讨论。

（1）后测的水平一测试结果与分析。

表1-6 水平一测试统计结果

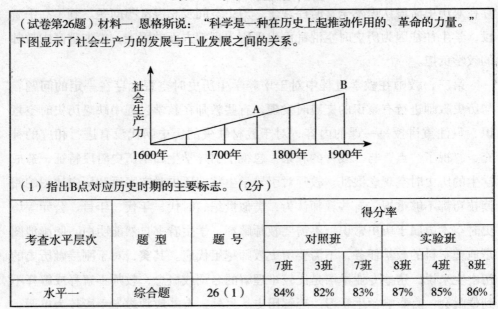

（试卷第26题）材料一 恩格斯说："科学是一种在历史上起推动作用的、革命的力量。"下图显示了社会生产力的发展与工业发展之间的关系。

（1）指出B点对应历史时期的主要标志。（2分）

考查水平层次	题 型	题 号	得分率					
			对照班			实验班		
			7班	3班	7班	8班	4班	8班
水平一	综合题	26（1）	84%	82%	83%	87%	85%	86%

本题考查的水平层次是水平一"了解历史事件发生的具体时间"。考查范围是学生从时间轴上区分两次工业革命的历史时间落点，并考查学生识记能力，知道第二次工业革命的主要标志。

本题两校平均分为1.65和1.63分，实验班和对照班的得分率都达到了80%以上，其中实验班最高得分率为87%，以高于对照班最高成绩3个百分点的成绩稍稍领先。课下教师与学生私下交流时发现，不少答错的学生并不是不知道B点是第二次工业革命时期，而是混淆了两次工业革命的主要标志，影响了得分。这也从侧面说明，在闭卷考试中，学生对历史知识的识记能力会影响学生运用历史时间思维，进而影响历史时空观念意识的提高。

（2）后测的水平二测试结果与分析。

表1-7　水平二测试统计结果

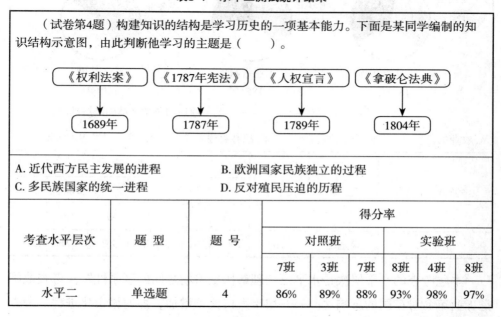

（试卷第4题）构建知识的结构是学习历史的一项基本能力。下面是某同学编制的知识结构示意图，由此判断他学习的主题是（　　　　）。

《权利法案》　《1787年宪法》　《人权宣言》　《拿破仑法典》

1689年　1787年　1789年　1804年

A. 近代西方民主发展的进程　　　B. 欧洲国家民族独立的过程
C. 多民族国家的统一进程　　　　D. 反对殖民压迫的历程

考查水平层次	题　型	题　号	得分率					
			对照班			实验班		
			7班	3班	7班	8班	4班	8班
水平二	单选题	4	86%	89%	88%	93%	98%	97%

本题考查的水平层次是水平二"了解历史发展的基本线索和基本特征"。考查范围是学生从历史时间和历史事件的发展进程分析概括历史阶段特征的思维能力，有一定的难度，需要学生从历史的纵向发展梳理历史发展的基本线索和阶段特征。考查的历史知识是九年级上册世界近代史第四单元的内容。

本题总平均分为2.79，实验班的最高得分率与对照班的最高得分率相差9个百分点左右，差距也比较大。原因在于，在学生学习完第四单元内容后，教师引导实验班学生以第四单元为主题，绘制思维导图或知识结构图，学生可以在掌握一些较零碎的具体历史事件等史实的基础上，认识、理解较长时段历史的发展进程。这也说明在教师有意识的引导和培养下，学生能够有意识地学习从较长时段看待历史的发展进程，从而提升历史时空意识。

（3）后测的水平三测试结果与分析。

表1-8　水平三测试统计结果

（试卷第13题）下图是英国各行业就业人数占总就业人数的比例变化数据表，这反映出工业革命加快了英国（　　）。

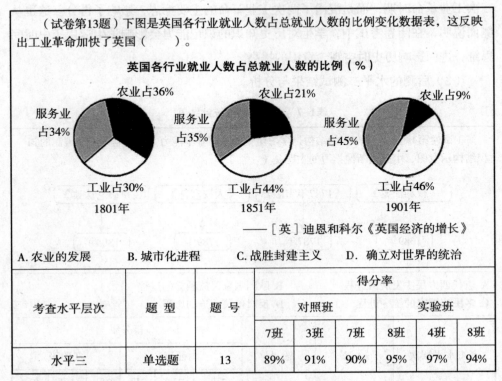

英国各行业就业人数占总就业人数的比例（%）

农业占36%　服务业占34%　工业占30%　1801年

农业占21%　服务业占35%　工业占44%　1851年

农业占9%　服务业占45%　工业占46%　1901年

——［英］迪恩和科尔《英国经济的增长》

A.农业的发展　　B.城市化进程　　C.战胜封建主义　　D.确立对世界的统治

考查水平层次	题型	题号	得分率					
			对照班			实验班		
			7班	3班	7班	8班	4班	8班
水平三	单选题	13	89%	91%	90%	95%	97%	94%

本题考查的水平层次是水平三"理解历史事物之间的联系性"。考查范围是工业革命对英国的影响之———城市人口比重增加，加速城市化进程。考查学生能否通过新材料、新情境，运用历史发展的眼光正确认识历史现象，理性分析特定历史时空背景下所蕴含的历史信息，难度比较大。

本题总平均分为2.69，实验班的最高得分率达到97%，仅有两名学生答错。对照班的得分率最高是91%，与实验班的最高得分率相差6个百分点。从得分率来看，说明实验班的学生能够根据特定的历史时空背景，分析、理解历史事件之间的联系，已经具备一定的历史时空观念。

从以上的测试结果显示，实验班学生的历史时空观念从整体上得到了明显提升。在前测时，实验班与对照班有一定差距，经过两个多月的历史时空观念培养实践探索，在三个培养层次方面，实验班的得分率均高于对照班。其中，在水平一考查历史时间观念方面的"了解历史事件发生的具体时间"，属于识记层次，得分率比对照班高3个百分点，说明两个班学生的历史基础知识掌握水平都差不多；考查历史空间观念方面，实验班的得分率明显提高，比对照班的得分率高了10个百分点，说明针对"识别和运用历史地图"这一维度的培养效果显著。对比水平二和水平三的得分率，实验班分别比对照班高9个百分点和6个百分点，实验班的得分率高达98%和97%，说明本次对学生历史时空观念研究所采取的培养策略是有成效的。

2. 实验班前后测对比分析

表1-9　实验班前后测数据统计结果对比

考查水平层次	前测考查维度	平均得分率	
		前测	后测
水平一	了解历史发展顺序	92%	86%
	正确计算年代	93%	
	识读历史地图	44%	77%
水平二	根据特定时空确定历史事件	61%	96%
	了解历史时代特征	70%	
	了解历史发展线索	42%	
水平三	通过时空联系确定历史阶段特征	82%	95%
	厘清历史事件之间的对应关系	83%	
	了解历史事件之间的相互联系	41%	

测试结果显示，实验班学生的历史时空观念整体上得到了明显提升。

（1）从水平一培养层次分析和讨论。

在前测中，将水平一培养层次细分为三个维度进行测试。前测结果显示，学生已经具备一定的历史时空观念，能够"了解历史事件发生发展的顺序"，已经"了解纪年方法"，也掌握了"正确计算年代的方法"，但"识读历史地图和图表信息"这一维度仍有待提高。而"了解历史事件发生的具体时间"则是考查学生识记、记忆能力，比较简单，在编制前测题目时没有列入考查范围。因此，在实施培养学生历史时空观念的教学实践时，在水平一培养层次方面着重培养学生"识读历史地图和图表信息"的思维能力，同时注重培养、发展学生历史时空观念水平二和水平三层次的思维能力。

后测则不再细分维度，仅设置了两道选择题，分别考查学生的"历史时间"和"历史空间"观念。后测结果显示，水平一的得分率比水平二和水平三的得分率还要低。在测试后的访谈中发现，关于"指出B点对应历史时期的主要标志"的问题，有些学生可以判定B点是第二次工业革命时期，但记错这一时期的主要标志，因而无法得分。如果题目设置为"指出B点对应历史时期的历史事件"，估计得分率会提高很多。水平一的得分率与前测相比虽然有很大进步，但在后测的三个水平测试中得分率最低，说明在"识别和运用历史地图"方面学生还有提高的空间，在短时间内提升效果有限，还需要更长时间的学习和培养。

（2）从水平二培养层次分析和讨论。

在前测中，将水平二培养层次细分为三个维度设置三道选择题进行测试。前测结果显示，实验班接近四成的学生不能"根据特定时空确定历史事件"，有三成学生不能"了解历史时代特征"，还有一半以上的学生不能"了解历史发展线索"。

在后测中，虽然只设置一道选择题进行考查，但同样可以了解学生在水平二层次中的培养情况。学生根据题干中的具体时间和文件名称确定具体的历史事件，运用所掌握的具体历史事件明确理解"历史时代特征"和"历史发展线索"。后测结果显示，得分率达到96%，实验班学生基本能够理解这一时期历史发展的时代特征和基本线索。由此可见，通过教师在教学实践中有意识的引导和培养，可以帮助学生提升历史时空观念。

（3）从水平三培养层次分析和讨论。

在前测中，将水平三培养层次细分为三个维度设置三道选择题进行测试。前测结果显示，实验班有约1/5的学生不能"通过时空联系确定历史阶段特征"，有近两成学生不能"厘清历史事件之间的对应关系"，还有一半以上的学生不能"了解历史事件之间的相互联系"。

在后测中，也是只设置一道选择题考查学生在水平三层次中的培养情况，后测得分率达到95%。后测结果显示，学生能够根据所学知识分析材料中的数据变化，运用历史时空观念，理解历史事物之间的联系。由此可见，培养学生的历史时空观念，在一定程度上可以帮助学生提升历史的理解能力。

本次研究测试时间不长，仅仅两三个月，研究还不够深入。在实验结束后的历史教学过程中，需要继续注重学生历史时空观念的培养，特别是在中考复习阶段，注重历史的纵向和横向对比，帮助学生从历史时空角度构建知识脉络和历史发展线索，形成历史时空框架和完整的历史知识体系。

测试后的访谈中，有相当一部分学生反映，教师在历史课堂中学习世界史新课的同时兼顾相关中国史的联系，对其从整体上学习历史很有帮助，使其对历史的学习兴趣更为浓厚。有部分学生在实验结束后，教师没有布置任务的情况下，自觉绘制历史时间轴或历史思维导图进行历史复习。他们认为，学习完每一单元后绘制历史时间轴或历史思维导图，可以帮助他们记忆历史事件的发展顺序和时代特征，能联系不同的历史事件和历史现象认识历史，理解一些历史事件发生的背景和历史意义。学生的历史时空观念虽有一定的限制，但经过适当的教学方法进行培养，可转化为自身的历史时空意识，学生还可以实现学习的迁移，结合自身所学知识，学会从长时段、不同角度看待历史人物、历史事件和历史现象，有效培养学生的历史思维能力，进而发展学生的历史核心素养。

历史时空观念是理解历史的基础。培养学生的历史时空观念，可以帮助学生提升时空意识，初步形成"历史感"，更好地理解历史中的人和事物，进而理解、解释社会现象。培养学生的历史时空观念，既能满足学生的自身发展需要，实现自我发展，又有利于学生形成完善的人格。

九、结果呈现

（一）《发展初中生历史时空观核心素养教学策略研究》课题研究成果

表1-10 出版著作

序 号	主 编	书 名	出版社	出版号
1	陈昔安	《初中历史教学策略研究与应用》	北京教育出版社	ISBN 978-7-5522-9268-8
2	陈昔安	《初中历史学科时空观念核心素养培养研究》	东北师范大学出版社	ISBN 978-7-5681-6332-3

表1-11　发表论文

序 号	作 者	题 目	发表刊物	刊号或出版号
1	陈昔安	《时空观念培养的历史教学策略运用——以初中〈甲午中日战争〉为例》	《中学历史教学》2019年第2期	ISSN 1009-3435
2	李念	《左图右史，察古知今——论地图绘制在培养初中生历史时空观念中的作用》	《中学历史教学》2018年第8期	ISSN 1009-3435
3	李念	《学科素养的培养——基于建构主义探讨初中历史复习课的作用》	《新一代》2018年第9期	ISSN 1003-2851
4	王明慧，邹德美	《青年才俊聚鹏城 聚芳满园喜折桂》	《中学历史教学》2018年第1期	ISSN 1009-3435
5	王明慧，邹德美	《回到历史现场的再省思——以洋务运动中李鸿章的作用为例》	《中学历史教学》2018年第5期	ISSN 1009-3435
6	祝明	《曲径通幽处，求索路漫漫——执教〈匈奴的兴起及与汉朝的和战〉的实践性认识》	《中学历史教学参考》2014年第5期	ISSN 1002-2198
7	段昆伦	《中学生责任感养成研究》	《新课程研究》2018年2月	ISSN 1671-0568
8	段昆伦	《也谈历史核心素养的落实——以"'一国两制'与统一大业"一课教学为例》	《中学历史教学参考》2017年第18期	ISSN 1002-2198
9	付华敏	《部编版初中历史教学中"家国情怀"核心素养的落实——以部编版八（上）旧民主主义革命复习课为例》	《中学历史教学》2018年第7期	ISSN 1009-3435
10	付华敏	《在常规历史教学中开展项目式学习——历史学科核心素养培养的新探索》	《中学历史教学》2019年第1期	ISSN 1009-3435
11	刘延微	《历史互动教学初探》	《考试周刊》	ISSN 1673-8918

续 表

序 号	作者	题 目	发表刊物	刊号或出版号
12	张婷婷	《浅谈初一历史教学策略》	《教育周报》2017年第1期	CN 21–0088
13	邹德美	《浅淡史料在初中历史课堂中的运用》	《中华少年》	ISSN 1004–2377

表1–12 研究课例（示范课、研讨课）

序 号	执 教	题 目	时 间	级别、形式	参加人数
1	李念	《美国的独立》	2017年9月20日	陈昔安工作室研讨课	20
2	李念	《第二次世界大战》	2017年11月17日	陈昔安工作室研讨课	20
3	林焕成	《西汉建立和"文景之治"》	2017年11月17日	陈昔安工作室研讨课	20
4	张婷婷	《从九一八事变到西安事变》	2017年11月28日	陈昔安工作室研讨课	30
5	李念	《第二次世界大战》	2017年11月28日	陈昔安工作室研讨课	30
6	张微	《冷战》	2017年11月28日	陈昔安工作室研讨课	30
7	吴胜辉	《中国工农红军长征》	2017年11月28日	陈昔安工作室说课研讨	30
8	戚佳丽	《鸦片战争》	2017年11月28日	陈昔安工作室模拟上课研讨	30
9	甘立杰	《冷战后的世界格局》	2017年11月29日	陈昔安工作室研讨课	30
10	赵文杰	《世界经济的全球化》	2017年11月29日	陈昔安工作室研讨课	30
11	陈国清	《中国工农红军长征》	2017年12月4日	陈昔安工作室研讨课	30
12	许镇耀	《中国工农红军长征》	2017年12月4日	陈昔安工作室研讨课	30

续 表

序 号	执 教	题 目	时 间	级别、形式	参加人数
13	陈爱芝	《三国鼎立》	2017年12月4日	陈昔安 工作室研讨课	30
14	苏秀敏	《三国鼎立》	2017年12月4日	陈昔安 工作室研讨课	30
15	黄木青	《从九一八事变到西安事变》	2017年12月4日	陈昔安 工作室研讨课	30
16	孙淑姬	《三国鼎立》	2017年12月5日	陈昔安 工作室研讨课	30
17	张瑞刁	《从九一八事变到西安事变》	2017年12月5日	陈昔安 工作室研讨课	30
18	李念	《深圳特区，大时代、大变革、大发展》	2018年5月31日	深圳市研讨课 片段教学	150
19	杨美婷	《马克思主义与中国》	2018年5月31日	深圳市研讨课 片段教学	150
20	戚佳丽	《文天祥的"小"和"大"》	2018年5月31日	深圳市研讨课 片段教学	150
21	邹德美	《郑和下西洋》	2018年5月31日	深圳市研讨课 片段教学	150
22	张微	《洋务运动》	2018年9月13日	陈昔安 工作室研讨课	30
23	阴倩雯	《甲午中日战争》	2018年9月13日	陈昔安 工作室研讨课	30
24	陈向辉	《基督教盛行西欧》	2018年9月13日	陈昔安 工作室研讨课	30
25	邹德美	《甲午中日战争与列强瓜分中国的狂潮》	2018年9月14日	福田区研讨课	100
26	戚佳丽	《希腊罗马古典文化》	2018年9月14日	福田区研讨课	100
27	董辉	《探寻新航路》	2018年9月17日	盐田区研讨课	80
28	曾萍	《动荡的春秋战国》	2018年9月17日	盐田区研讨课	80
29	邹志强	《革命先行者孙中山》	2018年9月19日	陈昔安工作室 说课研讨课	30

序 号	执 教	题 目	时 间	级别、形式	参加人数
30	曾昭奕	《美国的独立》	2018年9月19日	陈昔安工作室说课研讨课	30
31	翁如玲	《古代日本》	2018年9月19日	陈昔安工作室说课研讨课	30
32	潘淑娴	《秦统一中国》	2018年9月19日	陈昔安工作室说课研讨课	30
33	吕波玲	《探寻新航路》	2018年9月19日	陈昔安工作室说课研讨课	30
34	耿艺文	《战国时期的社会变化》	2018年9月19日	陈昔安工作室说课研讨课	30
35	付华敏	《夏商周的更替》	2018年9月20日	陈昔安工作室说课研讨课	30
36	严慧君	《鸦片战争》	2018年9月20日	陈昔安工作室说课研讨课	30
37	葛秀伟	《沟通中外文明的"丝绸之路"》	2018年9月20日	陈昔安工作室说课研讨课	30
38	赖映初	《秦统一中国》	2018年9月20日	陈昔安工作室说课研讨课	30
39	李佳博	《甲午中日战争与列强瓜分中国狂潮》	2018年9月20日	陈昔安工作室说课研讨课	30
40	刘延微	《匈奴的兴起与汉朝的和战》	2018年9月20日	陈昔安工作室说课研讨课	30
41	段昆伦	《祖国统一》	2018年9月20日	陈昔安工作室说课研讨课	30
42	刘栋梁	《明朝的统治》	2018年9月20日	陈昔安工作室说课研讨课	30
43	陈昔安	《日本明治维新》	2018年10月19日	陈昔安工作室示范课	30
44	陈昔安	《大潮涌动和风起——日本历史上的重大改革与振兴》	2018年12月11日	陈昔安工作室示范课	30

续 表

序号	执教	题目	时间	级别、形式	参加人数
45	李念	《大潮涌动和风起——日本历史上的重大改革与振兴》	2018年12月11日	陈昔安工作室研讨课	30
46	阴倩雯	《大潮涌动和风起——日本历史上的重大改革与振兴》	2018年12月11日	陈昔安工作室研讨课	30

表1-13 研究微课（评比结果）

序号	作者	学校	课题名称	获奖等级
1	李佳博	深圳市光明区高级中学	5分钟帮你记住中国现代史的重要时间	特等奖
2	李念	深圳市福田区翰林实验学校	《中国古代帝王的称号——谥号、庙号和年号的区别》	一等奖
3	张微	深圳市福田区翰林实验学校	《杜鲁门主义》	一等奖
4	张婷婷	深圳市福田区翰林实验学校	《隋朝大运河》	一等奖
5	戚佳丽	深圳市福田区石厦学校	《中国古代朝代更替》	一等奖
6	李佳博	深圳市光明区高级中学	经济重心南移	一等奖
7	付华敏	深圳明德实验学校	以复习为目的的历史思维导图的制作	一等奖
8	赖映初	深圳市福田区外国语学校	北宋的政治	一等奖
9	刘栋梁	深圳市南山区外国语学校（集团）文华学校	鸦片战争爆发的原因	一等奖
10	李相楠	华南师大附中汕尾学校	中国近代化的探索	一等奖
11	严慧君	深圳市龙岗区石芽岭学校	巧记历史	一等奖
12	葛秀伟	深圳市龙岗区外国语学校	历史常用纪年法	一等奖
13	刘延微	深圳市盐田区实验学校	中华人民共和国的成立与巩固	一等奖
14	邹德美	深圳市福田区石厦学校	14世纪的世界	二等奖
15	刘栋梁	深圳市南山区外国语学校（集团）文华学校	新航路开辟的背景	二等奖

序号	作者	学校	课题名称	获奖等级
16	李相楠	华南师大附中汕尾学校	郑和下西洋	二等奖
17	严慧君	深圳市龙岗区石芽岭学校	材料型论述题答题技巧简析	二等奖
18	彭君红	河源市第二中学	秦朝巩固统一的措施	一等奖
19	葛秀伟	深圳市龙岗区外国语学校	公元纪年法	二等奖
20	刘延微	深圳市盐田区实验学校	中华民国的建立	二等奖

表1-14　教学论文（评比结果）

序　号	作　者	学　校	题　目	获奖等级
1	陈昔安	深圳市福田区翰林实验学校	《时空观念培养的历史教学策略运用——以初中〈甲午中日战争〉为例》	一等奖
2	李佳博	深圳市光明区高级中学	《论历史核心素养之时空观念的含义及培养策略》	一等奖
3	张微	深圳市福田区翰林实验学校	《基于"发展初中生历史时空观核心素养教学策略研究"的问卷调查报告》	一等奖
4	李念	深圳市福田区翰林实验学校	《左图右史，察古知今——论地图绘制在培养初中生历史时空观念中的作用》	一等奖
5	张婷婷	深圳市福田区翰林实验学校	《浅谈发展初中生历史时空观念核心素养的教学策略》	一等奖
7	段昆仑	深圳市福田区上沙中学	《延展分析时空尺度　审视澳台港问题——发展初中生历史时空观念的教学策略》	一等奖
8	葛秀伟	深圳市龙岗区外国语学校	《初一学生历史核心素养——历史时空观念的培养策略——以部编版七年级中国古代史为例》	一等奖
9	付华敏	深圳明德实验学校	《基于学情培养七年级学生的历史时空观念——以统编版七上〈夏商周的更替〉一课为例》	一等奖
10	廖琼	深圳市盐田区云海学校	《"进场"与"出场"——培养初中生历史时空观念为主的核心素养策略探究》	一等奖
11	张丹华	汕尾市实验初级中学	《浅谈如何利用历史时空提升地理意识》	一等奖

序 号	作者	学 校	题 目	获奖等级
12	邹德美	深圳市福田区石厦学校	《聚焦时空，再回历史现场——以洋务运动中李鸿章的作用为例》	一等奖
13	甘立杰	深圳市福田区石厦学校	《浅谈初中历史课堂教学导入素材选用技巧》	二等奖
14	刘栋梁	深圳市南山区外国语学校（集团）文华学校	《浅谈培养初中生历史时空观念途径》	二等奖
15	邓义文	东莞市塘厦初级中学	《追寻宗教史教学的核心目标——以"西欧的基督教文明"为例》	二等奖
16	刘延微	深圳市盐田区实验学校	《历史互动教学初探》	二等奖
17	张丹华	汕尾市实验初级中学	《浅谈初中历史乡土资源的开发利用》	二等奖
18	彭君红	河源市第二中学	《浅谈初中生历史时空观念的培养》	二等奖
19	李相楠	华南师大附中汕尾学校	《初中历史时空观念教学策略初探——以〈俄国的改革〉为例》	二等奖

表1-15　教学设计（评比结果）

序 号	作者	学 校	课 题	获奖等级
1	陈昔安	深圳市福田区翰林实验学校	《甲午中日战争》	一等奖
2	陈昔安	深圳市福田区翰林实验学校	《大潮涌动和风起——日本历史上的重大改革与振兴》	一等奖
3	董辉	深圳市盐田区外国语学校	《世界政治格局的多极化趋势》	一等奖
4	戚佳丽	深圳市福田区石厦学校	《文天祥的"小"和"大"》	一等奖
5	李佳博	深圳市光明区高级中学	《甲午中日战争与列强瓜分中国狂潮》	一等奖
6	杨美婷	深圳市福田区红岭中学园岭初中部	《马克思主义与中国》	一等奖
7	张婷婷	深圳市福田区翰林实验学校	《从九一八事变到西安事变》	一等奖

序 号	作 者	学 校	课 题	获奖等级
8	李念	深圳市福田区翰林实验学校	《美国的独立》	一等奖
9	邹德美	深圳市福田区石厦学校	《甲午中日战争与列强瓜分中国狂潮》	一等奖
10	张微	深圳市福田区翰林实验学校	《冷战》	一等奖
11	严慧君	深圳市龙岗区石芽岭学校	《鸦片战争》	一等奖
12	段昆伦	深圳市福田区上沙中学	《祖国统一》	一等奖
13	付华敏	深圳明德实验学校	《夏商周的更替》教学设计	一等奖
14	刘栋梁	深圳市南山区外国语学校（集团）文华学校	《明朝的统治》	一等奖
15	甘立杰	深圳市福田区石厦学校	《洋务运动》	一等奖
16	叶发固	佛山市实验学校（中学部）	《第二次鸦片战争》	二等奖
17	赵文杰	深圳中学	《文艺复兴运动》	二等奖
18	陈向辉	深圳市福田区科技中学	《基督教盛行西欧》	二等奖
19	葛秀伟	深圳市龙岗区外国语学校	《沟通中外文明的"丝绸之路"》	二等奖
20	邹德美	深圳市福田区石厦学校	《郑和下西洋》	二等奖
21	阴倩雯	深圳市福田区翰林实验学校	《甲午中日战争与列强瓜分中国狂潮》	二等奖
22	邹德美	深圳市福田区石厦学校	《统一多民族国家的巩固和发展》	二等奖
23	彭君红	河源市第二中学	《争取光明前途的斗争》	二等奖

（1）《发展初中生历史时空观核心素养的教学策略研究》调查问卷，详见附录一至四。

（2）《发展初中生历史时空观核心素养的教学策略研究》前期、后期调查报告，详见附录五至六。

（二）发展初中生历史时空观核心素养教学策略研究

通过研究，发展初中生历史时空观的主题式教学，需要制定或选择某种有效策略，在规定的时间内完成教学任务，实现具体的教学目的，进而学生历史时空观念素养得以提升，促进学生综合素养和能力培养；通过研究，改变过去学生学习历史"死记硬背"的方式，让学生在活动中接触历史、亲近历史，让学生在体验探究中学习和感悟，从而了解历史，掌握历史知识。通过发展初中生时空观核心素养教学策略的研究，打造一种高效的历史课堂教学模式，为学生提供一个创新的平台和展示自我的机会，有助于学生学习方式的转变，调动学生的积极性，发挥学生的潜能，有利于创新思维能力的培养。运用关注发展初中生历史时空观念的教学策略，我们应该看到这样的教学场面：学生不再仅限于死记硬背课本上的时间、地点、人物，而是在教师的引导下积极思考，将某项史事定位在特定的时间和空间框架下，积极主动地参与教学过程，去体验和感受历史，大胆质疑，踊跃发表自己的见解，创新思维的火花时时绽放，让课堂真正成为展示学生才华的舞台。由此，学生历史时空观念核心素养得到提升，并促进了学生综合素养和学习能力水平的提高。通过本课题的研究，教师能准确把握学生历史时空观念核心素养内涵及培养目标，同时提高了历史教育教学质量，课题组成员的教科研水平也将不断提高。通过学习现代教学理论、教育思想以及对新课程标准的深入研读，可以促进教师教育观念的转化和教学水平的提高。对主题式教学策略的研究又可以提升教师的教学艺术，优化课堂教学环节，改进课堂教学模式，真正变应试教育为素质教育，切实做到减负不减质、增质不超量，对教师的专业发展起到了很好的促进作用，从而形成一套有效的发展初中生历史时空观念核心素养的历史教学策略。

本课题组依据编制的《初中生历史时空观念培养层次划分》，结合调查分析的结果，提出相对应的培养策略。对历史教学策略阐释如下：

1. 研读课程标准，领航时空高度

教学目标是教学活动的出发点，在教学过程中起导向作用，也是教学评价的依据之一。根据前面的现状分析，可知九年级阶段的学生已经初步建立起历史时空意识。在历史时空观念的培养目标方面，新课标对九年级学生提出了进一步的要求。"以各文明出现的时间概念为经，各文明所处的空间概念为纬。""按时序发展的知识体系：既包括各民族、各国家和地区纵向发展的历时态客观过程，又包括各民族、各国家和地区在横向空间的共时态并列发展。"也就是说，历史教学要注意结合中国史进行纵横对比，从世界全局视野出发，了解人类历史的发展进程和潮流趋势，"感悟人类文化的多元性、共容性和发展的不平衡性"，意识到"中国的前途命运日益紧密地同世界的前途命运联系在一起"，逐步建立全球意识。

基于此，学生历史时空观念的培养应该侧重水平二和水平三的培养层次，即"初步学会在具体的时空条件下对历史事物进行考察，了解历史发展的基本线索和时代特征，从整体上把握历史"和"能够认识事物发生的来龙去脉，理解事物之间的联系性，理解空间和环境因素对认识历史与现实的重要性"。

以人教版九年级上册第五单元《走向近代》、第六单元《资本主义制度的初步确立》和第七单元《工业革命和国际共产主义运动的兴起》为例，结合《义务教育历史课程标准》（2011年版）中九年级的课程标准内容和教材内容，与编制的《初中生历史时空观念培养层次划分》相对应，结合学情分析出可操作的各个水平层次的具体教学目标，见表1-16所示。

表1-16　九年级历史时空观念教学实践双向细目表

第15课《文艺复兴运动》	
课标内容	根据初中生历史时空观念培养层次制定的教学目标
知道《神曲》、莎士比亚的戏剧等，初步理解文艺复兴对人的思想解放的意义	水平一：知道文艺复兴兴起的时间、最先兴起的国家；了解但丁、达·芬奇的国籍和生活时代 水平二：能够通过但丁、达·芬奇、莎士比亚等历史人物准确定位文艺复兴这一历史时期 水平三：通过将中世纪宗教作品与达·芬奇同一主题的作品《圣母圣子图》进行时空对比，理解人文主义精神含义，认识文艺复兴的实质是资产阶级的思想解放运动
第16课《探寻新航路》	
课标内容	根据初中生历史时空观念培养层次制定的教学目标
通过哥伦布发现美洲、麦哲伦环球航行，初步理解新航路的历史意义	水平一：知道新航路开辟的具体时间和不同表达方式；通过《新航路开辟》地图说出四位航海家航行的路线，如航海家的名字、航行路线和到达地点 水平二：能够通过哥伦布、麦哲伦等历史人物准确定位新航路开辟这一历史时期 水平三：通过历史地图和文字材料，对比新航路开辟前后商路的变化、商贸中心的变化和西方人对世界认识的变化等，探究新航路开辟的历史意义；通过比较哥伦布与郑和的远航活动，理解新航路开辟改变了世界历史的进程

第17课《君主立宪制的英国》	
课标内容	根据初中生历史时空观念培养层次制定相关的教学目标
通过1640年革命和其后的"光荣革命",初步理解英国君主立宪制确立的历史意义	水平一:知道英国资产阶级革命的起止时间,通过《英国内战形势图》,知道马斯顿荒原战役和纳西比战役;知道"光荣革命"发生和《权利法案》颁布的时间 水平二:通过绘制英国资产阶级革命过程曲线示意图,认识到英国资产阶级革命不是一帆风顺的,而是曲折发展的 水平三:通过对比同一时期欧洲大陆和中国所处的历史时代及政治制度,理解英国确立君主立宪制的进步意义

第18课《美国的独立》	
课标内容	根据初中生历史时空观念培养层次制定相关的教学目标
通过华盛顿、《独立宣言》和1787年宪法,理解美国革命对美国历史发展的影响	水平一:通过历史地图《美国独立战争形势》,了解美国独立战争过程中爆发、建军、建国、转折、结束等具有标志性的时间和历史事件 水平二:通过《英属北美殖民地示意图》,了解美利坚民族的形成过程。能够通过7月4日、波士顿、莱克星顿、萨拉托加等时空因素准确定位美国独立战争这一历史时期 水平三:了解华盛顿的历史活动,学会联系具体的时空背景,全面客观地评价历史人物

第19课《法国大革命和拿破仑帝国》	
课标内容	根据初中生历史时空观念培养层次制定相关的教学目标
通过法国大革命和拿破仑帝国的活动,初步理解法国革命的历史意义	水平一:了解法国大革命爆发的时间、地点 水平二:通过时间轴,梳理法国大革命的大致经过;能够通过巴士底监狱、法兰西第一共和国、路易十六等因素准确定位法国大革命这一历史时期 水平三:分析法国三色国旗的象征意义,对比荷兰、意大利、比利时等国国旗的相似性,理解法国大革命的国际影响力;通过了解拿破仑的历史活动,结合当下的时空背景,分析拿破仑战争的双重影响

第20课《第一次工业革命》	
课标内容	根据初中生历史时空观念培养层次制定相关的教学目标
通过珍妮机、蒸汽机、铁路和现代工厂制度等的出现,初步理解工业化时代来临的历史意义	水平一:知道第一次工业革命的时间和具有标志性的历史事件 水平二:通过时间轴,梳理第一次工业革命的发展进程;能够通过珍妮机、蒸汽机、蒸汽时代等因素准确定位第一次工业革命这一历史时期 水平三:通过展示《英国生铁产量增长表》和《英国棉花加工量增长表》等材料,分析归纳工业革命给人类社会带来的影响;通过比较英国和中国在世界博览会上的展品,认识到工业革命后形成了西方先进、东方落后的局面

2. 运用整体史观，搭建时空框架

整体史观，有人又称为"全球史观"，是将人类社会的历史作为一个整体来看待的一种历史观。整体史观认为人类历史是从分散向整体发展的。15、16世纪新航路开辟以来，特别是工业革命后，资本主义市场开始在全球确立、发展，世界各洲之间的国家联系日益密切。随着全球化浪潮的兴起，我们已经身处一个所有国家和地区密不可分、紧密相连的世界。我们所面对的全球暖化、极端天气、金融危机、人工智能、生物工程等主要问题，已经成为全球性的问题，而不是一两个国家和地区面对的问题。因此，运用整体史观学习历史，培养学生的宏观视野和国际意识显得尤为重要。在全球化浪潮不可阻挡的今天，中学历史教学应该更注重反映多元文化和历史发展的多样性和不平衡性，注重世界历史横向、纵向的比较和不同地区、国家之间的联系，向学生展示世界日益成为一个密不可分的整体，世界各国既相互依存又相互竞争，中国的前途命运日益紧密地同世界的前途命运联系在一起。只有明白这样的现实，才能培养出具备全球视野、开放心态的学生，这也体现了"立德树人"的历史教育功能。

新课标的编排与整体史观观念正好相符合，新课标在编排上采用"点—线"结合的方式，突出一些重大的历史事件、历史人物、历史现象，体现历史发展的基本线索和基本脉络。其中，九年级上册世界近代史部分主要是围绕两条主要线索展开，"一条是资本主义制度在西欧产生，并向北美、日本等国家发展的历史；另一条是随着资本主义在西欧的产生和发展，西欧各国通过开辟新航路和血腥的殖民掠夺，使资本主义经济不断向全球扩张，最终形成了世界市场，过去长期存在的各国、各地区、各民族间的相互隔绝状态被打破，整个世界在经济、政治、文化等方面逐步形成密切联系、互相依存又互相矛盾的整体，进而产生了真正意义上的世界历史。这便是世界历史的纵向发展和横向发展"。因此，在历史教学中注意相关历史事件之间的相互联系，从历史的纵向发展和横向发展梳理历史发展脉络，在整体上把握世界近代史的两条主线，也是在帮助学生树立历史时空观念。

（1）从历史的纵向发展梳理历史发展脉络。

梳理历史发展脉络与基本线索一般是期末复习或中考、高考复习阶段历史教师常用的一种有效的复习手段。可以按照历史发展顺序划分历史阶段，也

可以在某一历史阶段按照政治、经济、思想、文化等主题进行整理。例如，以世界近代史为例，我们可以将世界近代史时期发生的一些重大历史事件联系起来，依照历史发展的时序，以时间轴形式呈现历史发展脉络。

教材每个单元的历史知识都有其密切的内在联系，可以采用“点—线”结合的方式，将每个单元从时间和空间上串联起来，构建历史知识框架，形成历史发展脉络。例如，我们将世界近代史以“资本主义的确立与加强”为主题构建知识体系（如图1–1所示）。通过总结、分析这一时段的历史，学生可以认识到英国、美国和法国是通过革命手段确立资产阶级统治，而俄国和日本是通过自上而下的改革确立了资本主义制度。工业革命后，资本主义迅速发展，最终形成了西方先进、东方落后的局面。

- 资产主义时代的曙光
  - 文艺复兴：推动了欧洲文化思想领域的繁荣，为欧洲资本主义社会的产生奠定了思想文化基础
  - 新航路开辟：世界开始连成一个整体，促进了资本主义的产生和发展
- 资产阶级统治的确立
  - 英国资产阶级革命：推翻了封建君主专制，确定了资产阶级的统治地位，为发展资本主义扫清了道路
  - 美国独立战争：结束了英国的殖民统治，实现了国家的独立，确立了比较民主的资产阶级政治体制，有利于美国资本主义的发展
  - 法国大革命：摧毁了法国的封建统治，建立了资产阶级共和国
- 资产阶级统治的加强
  - 美国南北战争：美国废除了奴隶制度，扫清了资本主义发展的又一大障碍
  - 俄国1861年改革：加快了俄国资本主义的发展
  - 日本明治维新：使日本从一个闭关锁国的封建国家，逐步转变为资本主义国家

图1–1

（2）从历史的横向发展梳理历史发展脉络。

在历史教学中，注重联系历史的横向发展，即要注意历史发展的多样性，往往表现为将中国史和世界史的历史事件联系起来，将中国历史的发展置于世界历史发展的大历史时空观念背景下进行观察和分析。中国近代史与世界历史的联系非常密切，教师在相关的历史教学过程中，有意识地指导学生进行历史

横向发展的联系和比较，可以帮助学生树立历史时空观念。在中国古代史的教学过程中，教师曾以"1793年马戛尔尼使团访华"为切入口，作为《清朝君主专制的强化》教学设计的主线，尝试从三个视角出发，构成"回望盛世余晖、透视盛世阴影、反思盛世危机"三个部分，层层递进，勾画清帝国由盛转衰的历史轨迹。其中，在第二个环节"透视盛世阴影"部分运用材料，从政治、经济、军事、科技、外交等方面对鸦片战争前的中国和英国进行全面对比，引导学生对同一时期不同空间的历史事物和历史现象之间的联系进行横向对比，引导学生将视野放大到世界范围内，了解世界发生的变化，从而寻找中国近代落后的根源和起点，进而培养学生的历史时空观念。

3. 掌握纪年方式，诠释时空内涵

培养学生的时间观念和空间观念是历史教学的基本任务。现如今，历史教学中仍然存在学生历史时空观念错乱模糊的现象，教师须着重培养学生的历史时空观念。这就要求教师在历史教学中向学生传授历史知识的同时，要向学生讲清时间和空间的概念，帮助学生形成正确的时空观念。如善于帮助学生形成清晰的知识体系，帮助学生辨别不同时空的历史内容。在引导学生掌握知识脉络、构建知识体系的同时，要将历史时空观念渗透于整个历史教学任务中。根据《初中生历史时空观念培养层次划分》，水平一的要求是"了解历史事件发生的具体时间、发展顺序及地理环境；初步学会识读历史地图和图表信息；了解纪年方法；掌握正确计算年代的方法"。这就需要教师在教学过程中引导学生掌握准确的、与历史时空观念相关的基本知识和基本技能。

初学历史者若能遵循时间的先后顺序学习历史，就能更有效地逐步掌握历史知识，认识历史事件之间的因果联系，厘清历史发展脉络和基本线索。历史教科书是按照编年加主题的体系编写，常用的表示历史时空的专业术语肯定不少。而不同于人们从幼童开始已经将年、月、日、分、秒等机械时间形成一种生活技能，学生对历史教科书上出现的时代、年代、公元、世纪等专业术语大多非常陌生，这就需要教师在历史教学过程中引导学生了解，并指导学生规范使用。例如，纪年法可以分为公元纪年法、民国纪年法、年号纪年法和干支纪年法；学会正确计算公元前和公元后年代；初步学会中国古代的纪年方法与公元纪年法之间的换算；历史分期方式可以有中国古代史、中国近代史、中国现代史，世界古代史、世界近代史、世界现代史，蒸汽时代、电气时代、信息时代，旧民主主义革命时期和新民主主义革命时期等。

学生在学习历史时间时，不仅仅要学习一些重大历史事件发生的具体时间，还要学习这些重大历史事件的前因后果、背景与影响。例如，我们不仅要让学生知道鸦片战争发生的时间是1840年，还要让学生理解1840年鸦片战争是中国由封建社会逐步沦为半殖民地半封建社会，是中国近代史的开端。掌握这些纪年方法和历史分期，是培养学生历史时空观念的基础。

在具体教学过程中，学生会因对纪年方式的不甚了解，导致对历史事件发生的先后次序产生错乱。纪年方式有很多种，如年号纪年法、王公即位年次纪年法、干支纪年法、年号干支兼用法、星岁纪年法、生肖纪年法、公元纪年法、诃利纪年法、民国纪年法等十数种纪年方式。目前，历史教科书中常用的纪年方式有二，即公元纪年法和干支纪年法。下文将分而述之。

（1）公元纪年法。

公元纪年法又名西元纪年法，也称基督纪元法，简称公元、西元。由意大利哲学家阿洛伊修斯·里利乌斯对儒略历加以改制而成，是现行通用最广的纪年方法，也是我们日常所说的阳历或公历。公元纪年以耶稣诞生之年为公元元年，耶稣诞生年之前称为公元前，用B.C.表示；耶稣诞生年之后称为公元后，简称公元，用A.D.表示。公元纪年法包括公元、世纪和年代三个基本纪年单位。学生需掌握具体年份如何用世纪和年代表述，这是在历史学习过程中必须掌握、贯穿学习始末的基本史学素养。

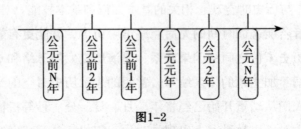

图1-2

举例说明，2028年是21世纪20年代；1234年是13世纪30年代；公元前123年是公元前2世纪20年代；公元前789年是公元前8世纪80年代。由此得出结论，在具体年份用世纪和年代进行表述时，世纪前面的数字比年份百位数和千位数上的数字大1，年代前面的数字即是十位数字本身。值得说明的是，公元后每个世纪的前20年或者是公元前每个世纪的后20年，一般不用年代来表示。

（2）干支纪年法。

干支纪年法是自我国古代沿用至今的时间计法。干支是天干和地支的总称，由十天干和十二地支构成。十天干即甲、乙、丙、丁、戊、己、庚、辛、壬、癸；十二地支即子、丑、寅、卯、辰、巳、午、未、申、酉、戌、亥。在现行历史教科书中，经常会遇见用干支纪年表示历史事件的情况，如"中日甲午战争""戊戌变法"。另在高考文综试卷中，干支纪年与公元纪年的相互换算也是常见考点之一。

如（2008年海南卷Ⅰ）中国古代以干支纪年，天干是"甲、乙、丙、丁、戊、己、庚、辛、壬、癸"，地支是"子、丑、寅、卯、辰、巳、午、未、申、酉、戌、亥"。甲午中日战争发生于1894年，八国联军侵华的1900年应该是（B）。

A. 乙亥年　　　　　　　　　　B. 庚子年

C. 戊戌年　　　　　　　　　　D. 丁丑年

再如，图1-3是孙中山先生逝世纪念地（北京东城区张自忠路23号）。现门口悬挂"孙中山先生逝世纪念室"匾。外间西墙上镶有一长方形汉白玉刻石，上刻"中华民国十四年三月十二日上午九时二十五分孙中山先生在此寿终"，刻石上悬挂孙中山遗像。右方镜框内是其在此写的《总理遗嘱》，左边镜框为致苏联书。条案上放着《建国方略》《中山全书》等，一切均照其生前样子陈列。按我国古代传统干支纪年方法，国父孙中山先生逝世应是（A）。

A. 乙丑年　　　　　　　　　　B. 甲子年

C. 戊戌年　　　　　　　　　　D. 丁丑年

图1-3

故无论从史学素养还是应试方面来讲，干支纪年与公元纪年的相互换算都应成为学生必须掌握的内容之一。

表1-17　公元纪年与干支纪年换算

甲	乙	丙	丁	戊	己	庚	辛	壬	癸
4	5	6	7	8	9	0	1	2	3
子	丑	寅	卯	辰	巳	午	未	申	酉	戌	亥
4	5	6	7	8	9	10	11	0	1	2	3

试问，用公元纪年表示去年为2018，那2018年用干支纪年如何表示？首先将2018中的最后一位"8"与十天干中"8"对应，得出的是"戊"；再用2018除以12，余数是"2"，用"2"与十二地支里的"2"对应，得到的是"戌"。天干在前，地支在后，也就是说，十天干的"戊"位于十二地支"戌"之前，故2018年用干支纪年表示为"戊戌"年。再如，1894年用干支纪年如何表示？将1894中的最后一位"4"与十天干中的"4"对应，得出的是"甲"，再用1894除以12，余数是"10"，用"10"与十二地支的"10"对应，得到的是"午"。也就是说，十天干的"甲"位于十二地支"午"之前，合并组合，故1894年用干支纪年表示为"甲午"年。所以，发生在1894年的中日战争，学界称之为"甲午中日战争"。由此可见，干支纪年与公元纪年的换算方法为干支纪年里的天干是公元纪年的个位数所对应的天干，地支是公元纪年除以12所得余数对应的地支。以上两种纪年方法的掌握是培养学生历史时空观念的基础。

4. 巧建时空轴线，梳理时空脉络

时间轴是按照时间顺序，将数学中的数轴形式引入历史教学中，直观呈现特定时间及其对应的历史事件，或特定的历史阶段及其对应的历史阶段特征的一种时间标尺。时间轴可以帮助学生归纳、整理历史知识，可以用于历史课堂，一般情况下用于一个单元或阶段复习课；也可以由学生自己制作。时间轴可以帮助学生直观形象地理解一些历史时间概念。例如，"公元前"和"公元（后）"的概念。《义务教育历史课程标准》（2011年版）要求七年级学生能够"正确地计算历史年代"。时间轴是一个很好的直观教学工具。

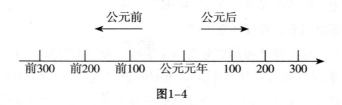

图1-4

　　教师可以通过时间轴讲解公元纪年法的相关历史常识。例如，公元纪年法的由来、公元纪年法只有公元元年没有公元零年的说法、正确计算涉及公元前和公元后的年代、年代和世纪的划分与计算等。

　　时间轴可以帮助学生把零散的单一历史知识点或某一单元知识体系进行系统整理，形成基本的历史线索，认清历史事件发生的因果关系，掌握某一历史阶段的历史发展脉络。例如，复习八年级中国近代史"侵略与反抗""近代化的探索"这两个单元的内容，教材采用主题式编写，学生容易对一些历史事件的先后顺序混乱不清。教师曾让学生在课堂上绘制时间轴，要求在绘制时将反映侵略战争的重大事件（鸦片战争、第二次鸦片战争、甲午中日战争和八国联军侵华战争）标示在时间轴下面，将反映近代先进中国人探索救亡图存出路的重大事件（洋务运动、戊戌变法、辛亥革命和新文化运动）标示在时间轴上面，最后把这些重大事件所产生的人物、影响等用关键词形式标示在相对应的位置。一方面，学生对这一历史阶段发生的历史事件的先后顺序有了一个清晰的认识，再也不会理所当然地产生洋务运动发生在第一次鸦片战争之后类似这样的时空混乱观念；另一方面，学生基本掌握了这一历史阶段的两条历史发展线索（一条是中国逐步沦为半殖民地半封建社会，另一条是近代化探索经历了从学习西方先进技术到政治制度到思想文化的历程）。而到了九年级学段，教师又要求学生利用时间轴，将新课标要求掌握的近代以来中外重大历史事件进行归纳，绘制在一条时间轴上。这样，学生既从横向了解了同一时段发生的中外重大历史事件，也从纵向掌握了近代以来资本主义从产生、发展到巩固的发展过程，培养学生构建历史时空观念。

　　较常用的时间轴是直线型的，简单方便，既适合作为平时教学常态课使用，也方便学生制作。还有一种是由时间轴延伸出来的时间线，可以加入图片展示，呈现方式更加直观、形象。中学历史教材也比较注重帮助学生掌握历史时空观念，往往在教材附录部分印制了涉及本教材范围的历史大事年表，方便学生随时翻阅，准确把握学习重点，梳理历史基本线索。

5. 活用历史图表，直观时空广深

赵恒烈在著作中将学习历史分为两个层次，即"符号型"与"立体型"。"符号型"学习方式以背诵为主，对历史的记忆仅停留在字句的表面上，而"立体型"则通过字句构建出一个立体的形象世界。克服"符号型"学习方式的最佳方法便是应用历史图表。"图表意境兼备，有立体感，还能赋予想象，把客观的历史与主观感觉的印象统一起来。历史图表是构建形象思维的彩带，是从'符号型'向'立体型'过渡的桥梁。"由此可见，历史图表因其生动、直观、形象、立体的特性成为非语言传递历史知识的重要途径，对培养学生历史时空观念具有重要作用。

历史图表包括历史图片、历史地图和历史表格（如历史年表、大事年表、王朝世系表，以及各种统计表、综合表、比较表等）。在历史教学过程中使用历史图表，为学生提供直观形象的视觉材料，既直观又生动，通过直接或间接感知具体历史现象或历史史实，从而学习一些抽象的历史知识或历史概念。历史图表在培养学生历史时空观念方面具有不可或缺的重要作用，特别是运用历史地图。"历史地图对于培养学生的历史空间意识，形成将历史人物、历史事件、历史现象置于特定历史环境及条件下进行考察的思维习惯及品质，领悟历史地图所反映的时代观念，具有重要意义。"

（1）历史表格的应用

在讲授《甲午中日战争与列强瓜分中国狂潮》的"甲午之殇"这一环节时，如果直接向学生提问"对比两个条约内容中要求开放的通商口岸，说说列强在侵略中国方面发生了什么变化"，学生应该会陷入苦思或者按照参考书把答案机械地读出来。教师可以通过展示《南京条约》开放通商口岸的历史地图和《马关条约》开放通商口岸的历史地图进行对比，再来提问，学生则可以借助两幅直观形象的地图回答问题，进而理解《马关条约》的签订加速了中国沦为半殖民地半封建社会的进程。

又如在"甲午之危"环节，介绍日本推行"大陆政策"，采用历史地图教学，则会更直观展示日本对外侵略扩张的路线和野心，对日本发动甲午中日战争的原因也更容易理解。

又如在"甲午之战""甲午之殇"环节，都采用了历史表格。

"甲午之战"比较见表1-18所示，列举了甲午中日战争中重要战役的基本史实，既培养了学生收集、整理、归纳问题的能力，又直观、生动地展现了历史事件，间接感知具体历史史实。

表1-18 "甲午之战"比较表

战 役	经 过	结 果
平壤战役		
黄海大战		
辽东战役		
威海卫战役		

"甲午之殇"比较见表1-19所示，列举了《马关条约》《南京条约》的基本史实，结合"开放口岸"链接的历史地图，直观形象地展现了《马关条约》的影响及危害之大、之深。

表1-19 "甲午之殇"比较表

| 类 别 | 《南京条约》 | 《马关条约》 | 影响及危害 |
	内 容	内 容	
割地			
赔款			
开放口岸			
设立工厂			

（2）历史年表的应用

历史年表是以时间为经、事件为纬，有序而言简意赅地记述历史的一种方法。历史年表能够使学生直观明了地理顺历史事件的发展脉络，并用表格来呈现大时代背景下或一段时间内所发生的重要历史事件的方法，有助于培养学生历史时空观念。在中西方同一时期历史事件进行比较时，好处更是显而易见。例如，在复习"17—18世纪中西方对比"时，就可以用历史大事年表法，见表1-20。

表1-20　历史大事年表

事　项	中　国	西　方
经济	自给自足的自然经济	资本主义经济、工业革命
政治	专制皇权	资产阶级革命、资本主义政体
思想文化	八股取士	启蒙运动
外交	闭关锁国	殖民扩张

时间与空间的交错使学生必须在繁杂的历史知识中搜索和锁定目标。在这个过程中，一方面，学生对已学过的内容进行了一遍知识梳理；另一方面，学生在以时间或者空间为基点对相关知识进行匹配时，也是在对时空观进行培养和塑造。

根据岳麓版高中教材的历史年表，它将中外历史大事件按照时间顺序以政治、经济、文化为板块进行排列。纵向反映历史事件发生的先后顺序，把握历史事件发展与演变的脉络；横向表明了同一时期中国与世界的联系。可见，历史大事年表能从横向空间和纵向时间两方面将中外历史事件加以整合，进而辅助学生构建历史时空观念。

（3）历史地图的应用

"历史地图对于培养学生的历史空间意识，形成将历史人物、历史事件、历史现象置于特定历史环境及条件下进行考察的思维习惯及品质，领悟历史地图所反映的时代观念，具有重要意义。""地图在历史课堂中使学生进入特定的历史环境，把早已逝去的历史事物的空间位置、发展状态转化为具体的、可以想象的材料。"学生通过学习历史地图，可以了解古今地名的变化，可以了解历史现象发展进程，可以直观形象地理解一些抽象的历史概念等。历史地图用来"表示人类在不同历史时期、不同地域空间下的发展状况，能对历史事件的地点、空间联系及地理环境提供丰富的信息"。也就是说，历史地图是依据史料进行绘制有关人类历史活动在特定时空内的表现及进程的地图。历史地图不仅展示了人类历史活动的进程，还反映了人类的历史活动与其所处的地理环境的密切关系，揭示了人类活动的发展规律，呈现了与人类活动相关的自然环境与社会环境的状况与变化。比起教师的语言描述和书面的文字表达，历史地图则是以点、线、面的组合配以特定的符号来表述历史，直观地展示历史现象发生的空间位置和地理环境，再现历史发展的空间变迁，有助于学生形成正确的历史时空观念。如教材中呈现的不同时期中国疆域行政区划变迁图、军事战争形势演变图、人口和经济重心的迁移图等，与之配套的还有历史地图册和历史填充图册，均可辅助学生构建动态发展的时空格局，继而学生历史时空观念得以搭建。

例如，可以展示通过Google地图搜索的希腊地理位置和地形图，以地图的形式感知古希腊的地理环境与城邦出现的关系。教师在指导学生阅读历史地图时，首先要引导学生掌握历史地图上的名称，因为历史地图上的名称表达的历史含义非常丰富，不仅可以反映出地图内容，还可以反映历史地图所在的历史时段，确立历史地图所在的历史时代背景，如隋朝大运河和京杭大运河的区别；其次是要引导学生识别地图上的各种标记和符号，正确解读地图所承载的各种信息，如表示区域范围内的国界线、海岸线或区域线、河流走向线，以及历史事件发生的地点、发展态势等；最后再阅读历史地图主体所反映的内容。通过长期学习历史地图，学生可以熟练地运用历史地图所反映的历史信息分析历史现象。

与一般的地理地图相比，历史地图可以在地图上呈现某一历史现象发生的具体地点、地理环境等空间信息；也可以联系历史地图所反映的历史背景知识，帮助学生分析形成历史现象的原因；还可以通过综合分析多幅具有联系的历史地图反映历史发展的变迁与延续。

6. 绘制思维导图，巧建时空关联

"历史思维导图是通过联想、推理等方法，使知识之间构建起联系，形成与主题要素相互联系的各层级知识（或概念）基本的思维网络。""思维导图是为促进思维激发和思维整理的可视化、非线性思维工具。"通过利用思维导图具有工具性和可视化的特点，学生可以将分散、零碎的历史知识点构建成相对完整的知识体系，提升历史思维能力，构建历史时空框架；同时，思维导图多数采用多种色彩构图，可以不断刺激学生大脑思维，既符合大脑思维的运作模式，又符合初中生心理特点。绘制思维导图，可以以一课为单位，也可以以一个单元或一个专题为单位，在历史课堂上或作为课后作业完成思维导图。例如，在学完中国古代史后，可以引导学生制作关于君主专制中央集权加强的思维导图，通过对不同朝代加强君主专制中央集权的措施进行归纳总结，加强

学生对君主专制中央集权加强的记忆和理解，学会对不同历史阶段历史脉络的梳理。

结合历史地图制作思维导图，利用思维导图是建立时空意识的最佳方式之一。这种方式结合时空因素，有利于培养学生的历史时空观念。例如，在《甲午中日战争与列强瓜分中国狂潮》的"课外延伸"活动环节中，要求学生通过形式与内容的多样性，完成思维导图"甲午中日战争"，将历史知识进行横向、纵向的梳理与联系。学生将学习内容与历史图表结合起来，通过知识内容的梳理、历史图表的绘制，能有效培养时空意识，将史实进行横向、纵向归纳，构建时空框架，有效避免了因课文内容编排造成的时空混乱问题。

又如，在人教版七年级历史下册第18课《统一多民族国家的巩固和发展》内容涉及清朝初年统一多民族国家的巩固和发展。对外有郑成功收复台湾抗击荷兰、康熙帝领导两次雅克萨之战抗击沙俄，对内有清朝皇帝加强对西藏、新疆和台湾的管辖措施。教师可以将两课的学习内容结合起来，利用《清朝疆域》历史地图，要求学生根据历史地图梳理有关台湾、西藏和新疆等方面的历史知识，培养学生结合历史地图和史实纵向归纳的能力，建立时空观念，有效避免了因课文内容编排造成的时空混乱问题。

7. 巧用媒体辅助，拓展时空视野

多媒体教学"是指教师在教学过程中以能支持动画和声音等多种计算机教学软件工作的电脑为核心的硬件为载体，以适合历史教学需要的各种电脑制作的课件和配套用的各种声光电子器材为工具，用以传达现代化直观性教学信息的教学模式"。在"互联网+"时代，多媒体教学已成为历史教学中的重要手段之一。多媒体教学通过现代化的信息手段，可以最大限度地还原历史的原貌、再现历史发展的过程、延伸历史时空的范围，为学生创设动态、直观、鲜活的历史情境，是培养历史时空观念的重要手段。在常规历史教学中，幻灯片和视频影像是常用的多媒体教学手段，简述如下。

（1）幻灯片的应用

幻灯片在培养学生历史时空观念方面具有重要作用。利用幻灯片集合多种教学资源，引领学生进入一个动态、全面、鲜活的时空情境中，增强历史教学的感染力，丰富学生的历史感知，提高学生对历史知识的接受能力，从而搭建历史时空框架。所以，幻灯片是传统教学手段的延伸，可将二维的历史世界拓

展为三维的历史时空，从而辅助教师为学生搭建历史时空观念。

（2）视频影像的应用

视频影像通过图像、声音、文字、语言等媒介集历史信息于一体，立体呈现历史过往，创设历史时空情境，使学生切身感知特定历史时空的风土人情。

8. 选用历史史料，培养时空思维

历史时空观念是一种抽象的概念，初中生的感性思维要强于理性思维，而培养初中生历史时空观念并不是简单地让学生死记硬背即可完成。"时间和空间的本质属性是物质的，而非观念的。我们不能从观念本身出发建立历史时空观念，而应从历史发展的具体事物中建立这种观念，培养这种能力。"而史料教学有助于丰富历史教学的内容，增加历史教学的容量或信息，拓展历史教学的视野，锻炼学生的时空思维，有助于学生更好地理解和认识历史，培养学生的质疑能力、概括归纳能力、阅读能力、辨别能力、表达能力、合作探究能力、小组合作能力，帮助学生掌握和运用历史学科的学习方法和技巧。

例如，在讲授"甲午之危"环节时，分别以"日本方面""清朝方面"提供"甲午中日战争历史背景的史料"，学生借助史料深入分析"甲午之危"的"危"之所在：

（1）中国国内形势：政治上进行了洋务运动，但仍然是腐朽落后的封建制度；经济上仍然为自然经济，资本主义发展缓慢；军事上则是挪用军费建颐和园，武备不足；态度上虽是经历了两次鸦片战争的失败，但依然虚荣自大，"颐和园又搭天棚"。

（2）日本国内形势：政治上进行了明治维新，国家实力增强；小国寡民，缺乏资源和市场；战前节省开支，扩军备战，准备充分；遭遇经济危机，希望转移矛盾。

通过深入的背景分析，学生非常容易理解日本发动甲午中日战争的深层次原因，也为学生接受清朝战败的结果，并从中探寻败因得到启示埋下伏笔。

又如，在"甲午之战"环节，提供"丰岛海战""平壤战役""黄海海战""辽东之战""威海卫战役"等丰富翔实的史料；在"课外延伸"环节，设计制作手抄报《甲午风云》，要求学生收集甲午中日战争资料（文字资料、图片及说明、人物及介绍）。通过提供和收集史料，帮助学生以更广阔的视野认识甲午中日战争的史实，充实已经搭建的时空框架。

9. 讲说历史故事，穿越时空环境

历史故事让学生有一种"身临其境"的感觉，吸引学生，又能促其自主学习和探究，将学生引领到"乐学"境界。将历史故事运用于教学，可以帮助教师深化理解教材，培养学生历史思维能力，有助学生分析和解决问题。特别是教师讲述历史故事，可通过制造悬念、设置问题等手段，让学生身临其境，更好地感受时空环境，激发学生边听、边思，更好地理解和认识历史。

例如，在讲授"甲午之战"环节时，教师讲述旅顺大屠杀的历史故事，让学生们陷入了悲痛之中，大家都知道南京大屠杀让人痛心疾首，却不知旅顺大屠杀更加惨绝人寰，这样大大加深了学生对甲午中日战争的认识。

又如，在"中国人民抗争"环节，教师讲述了民族英雄徐骧的抗争故事。《马关条约》签订的消息传来，全国人民愤慨、谴责清政府投降卖国的行径，台湾人民鸣锣罢市，集会示威，发誓"愿人人战死而失台，绝不愿拱手而让台"。在抗击日本侵略者的斗争中，涌现了徐骧等一批英勇抗争的英雄儿女，并给日军以沉重打击。教师还推荐学生课后观看电影《赛德克·巴莱》等，多了解一些中国人民反抗日本殖民统治的英雄事迹。教师通过故事教学，穿越时空环境，激发了学生的历史学习兴趣，帮助学生更深刻理解史实，还原历史真相。

10. 妙用历史教材，捕捉时空信息

教材是教师的教学依据，也是学生学习历史的最直接方式。获取历史知识、培养历史时空观念离不开历史教材。在部编版2017初中历史教材中，用于培养学生历史时空观念的资源很多。简列如下。

（1）巧用导读

导读以精练概括的语言将单元内容加以简述，在章节学习过程中起着提纲挈领的重要作用。教师引导学生研读导读部分，辅助其搭建章节所涉及的时空框架，有助于培养学生的历史时空观念。如部编版2017初中历史教材八年级上册共七个导读部分，导读提到："1840年，英国发动鸦片战争，清政府被迫签订《南京条约》；1856年，英法联合发动了第二次鸦片战争；19世纪末，义和团运动兴起，进行反对帝国主义的斗争；1911年的辛亥革命终于推翻了清王朝的统治，结束了在中国延续两千多年的君主专制制度，建立了'中华民国'；1919年，中国在巴黎和会上的外交失败引发了一场彻底的反帝爱国运动；1921年7月，中国共产党诞生，中国革命的面貌焕然一新；1931年，日本发动九一八事变，挑

起侵华战争，中华民族面临严重的民族危机；1937年7月，日本发动全面侵华战争，中国全民族抗战由此开始；1945年8月15日，日本宣布无条件投降；1945年9月2日，日本政府正式签署投降书；国民党坚持独裁统治，于1946年发动了全面内战；1949年4月，解放军占领南京，结束了国民党在大陆的统治。"在导言部分，通过精练的语言将中国近代史中的重大历史事件按时间顺序列举出来，从宏观的角度为学生构建出一个历史时空框架。

（2）善用补充文

历史教材主要以文字的形式向学生传达历史信息。历史信息主要由两方面构成，一为基本文，二为补充文。基本文是对基本史实的讲解与阐述，是课本内容的主要部分，用以体现最基本的历史线索和历史发展特征。而补充文是以材料的形式对基本史实加以补充和深化，是培养学生历史核心素养的有效手段之一。如教授义务教育教科书部编版八年级上册第1课《鸦片战争》这部分内容时，在整个战争过程中，英军先后两次攻占定海，这个知识点在整个课程讲授的过程中并非重点，如果教师只着眼于基本文的讲述，那么学生只会把两次攻占定海作为一个孤立的历史事件进行识记。但如果结合补充文小字部分进行讲解，则会增加学生的学科收获。如第1课的补充文讲述："自清初以来，浙江舟山岛因邻近长江入海口，地处中国东部海岸线的中部而受到一些西方人的重视。一位英国人在考察舟山岛上的定海县（今定海区）后就认为，定海与欧洲的威尼斯非常相似，只不过是较小一点。所以，英国人早就试图在浙江舟山建立据点，借以打开长江流域的商品市场。从18世纪50年代起，东印度公司多次派船北上，失败后英国政府又多次派使团来华交涉，都没成功。第一次鸦片战争期间，英军曾两次占领舟山，建立军事据点，进行殖民统治。《南京条约》签订后，部分英国人甚至仍试图以香港岛换舟山。后来，英军虽然撤出舟山，但仍将舟山等岛置于其'保护'之下。后来德国人、法国人都曾经想占据该岛，均因英国人的'保护'而作罢。舟山从此成为英国在长江流域谋取利益的重要据点。"通过补充文的描述，可知晓许多背景信息，这不仅增加了学生对英军两次攻占定海原因的理解，还对与定海有关的地域信息和历史事件发生的时间有了大体的把握，基本时空框架便得以搭建。所以，教师巧用补充文，不仅可以增加历史课堂的趣味性，激发学生学习兴趣，还可以帮助学生构建历史表象思维，培养学生历史时空观念。

11. 应用教学案例，拉长时空尺度

历史教学应用案例这个鲜活的形式，将中心议题通过有意义的案例或问题展开，能淡化某些概念的学科规范。在教学过程中，通过案例创设的时空环境，让学生积极思考、逐步领悟，历史课堂会更加鲜活，充满生机，从而达到拉长时空尺度的教学效果。

例如，在讲授甲午中日战争的"拓展提升"环节时，设计了这样一个案例：

历史考古视频《"致远舰"沉睡海底百年》中的"致远舰"打捞出水在即，假如出水后由你来安排利用，你将如何利用它？

对于这样一个案例，一下子点燃了学生的激情，把"时间"拉回到黄海海战，拉回到甲午中日战争，拉回到腐败落后的清朝统治。学生结合"致远舰"出水后存放的地理空间条件，以及现实的教育和社会环境的需要，纷纷发表自己的观点和设想，"建历史博物馆""建军事博物馆""建爱国教育基地"，等等。如此，学生真正成了教学活动的主体，并营造了合作、探究学习的开放型学习氛围，时空尺度会尽可能得到拉伸，学生的家国情怀核心素养也得到提升。

12. 创设体验教学，加强时空感悟

体验式教学指在教学过程中，根据学生的认知特点和规律，通过创造实际的或重复经历的情境和机会，呈现或再现、还原教学内容，使学生在亲历的过程中理解并构建知识、发展能力、产生情感、生成意义的教学观和教学形式。历史时空观念因其具有抽象性，从而需要教师为学生提供体验机会，引领学生在真实的情境中感知历史，实现历史知识的整合与更新，从而构建一个动态灵活又贴合实际的历史时空。

（1）参与实地考察

历史是以时间为依托并发生在一定地域范围内的事件，因此实地考察成为培养学生历史时空观念必不可少的环节之一。教师可以组织学生游览饱含历史信息的名胜古迹，引导学生回顾教材知识并在此基础上形成新的认知，从而帮助学生形成真实、具体、深刻的历史体验。如部编版《中国历史》八年级上册第27课为活动课，主题是考察近代历史遗迹，了解家乡与近代中国有关的建筑物、纪念馆等历史遗迹，感受近代中国历史。百年近代历程，中国社会发生了全方位的深刻变化，开始了从传统农耕文明向现代工业文明的转型。随之而来的是生产方式的改变、社会制度的变革等，人们的思想观念、生活方式也开始从封闭和僵化走向开放和多元。建筑是凝固的历史，承载和记录了许多历史信息，选择一个近代留下的建筑，走近它，了解这里曾经发生过的事，了解居住过的人，了解他们曾经对本地乃至对中国社会发展产生的影响。实地考察这种探究式的教学活动，不仅可以培养学生观察分析历史事物、搜索历史信息的能力，使学生学会实地考察的基本方法和技能，同时学生还可以将自身放置于考察访问中听到、看到的与建筑相关的人与事中，印证历史新知，丰富历史体验，在培养历史核心素养的同时，促使他们时空观念的形成。

（2）创设历史情境

情境教学同样能为培养学生的历史时空观念起到重要作用。在历史教学过程中，教师应该遵循历史发展规律，结合历史时空因素，创设历史情境，能有效地培养学生的历史时间和空间观念。

教师为学生提供体验的情境，学生在体验的过程中感知时空特点，从而获得真实的、生动的直观经验，实现新知识与旧知识的融合与互动，促进自身知识体系的更新与完善。在常规教学中，教师可以帮助学生排练历史话剧。历史话剧以其生动、灵活的形象特征，能够迅速吸引学生的注意，调动学生的积极性，产生良好的教学效果。学生在扮演历史人物或观看话剧的过程中，可以真切地感知历史事件发生的情境，亲身体会历史事件发展变化的特征，从而在认知上建立起一个更加立体、形象的历史世界，开启三维时空的学习模式。情境教学还可以通过多媒体技术形象地还原历史原景，烘托出历史事件发生的情境，为接下来的历史教学做好情感渲染，起到心理预备的作用。教师还可以借助生动的形象、张弛有度的教学语言，为学生营造历史学习的氛围，使学生在一个立体、生动的时空中领略历史的风采。人类历史的发展进程一直以来都是纵横交错的，初中历史学习虽然比较简单，但也不能将历史时间和历史空间因素完全割裂开来。自从提出历史学科核心素养这一概念以来，关于培养学生历史时空观念的话题也广受关注，相关文章也在各类期刊一直持续不断地涌现。但这些文章普遍存在一个问题，不少教师在培养学生的历史时空观念时，把历史时间观念和历史空间观念分开培养。"时空观念是指时间和空间与人类历史发展的内在联系。""历史的时间运动与空间运动并不是两条互不相干的平行线，二者是有机联系不可分割的，历史也正是由纵向的时间运动与横向的空间运动相交织的立体结构。"从时空观念的概念也可以看出，历史时空观念是在特定的时空条件下对历史事件、历史现象进行观察、分析，历史时间和历史空间两者之间有千丝万缕、密不可分的联系，不是孤立、分割的存在。因此，在学生刚接触历史的七年级学段，教师可以从学生层面出发，在历史时间和历史空间方面分开培养一些基础技能，如"制作时间轴、大事年表和识别历史地图"等，而在历史教学过程中，教师应该遵循历史发展规律，结合历史时空因素，创设历史情境，才能有效培养学生的历史时空观念。

例如，在导入《甲午中日战争与列强瓜分中国狂潮》时，播放历史考古视频《"致远舰"沉睡海底百年》，创设情境，视频展示沉船"致远舰"的地理位置，进行地理空间定位，然后将考古活动拉回到125年前的甲午中日战争，增加历史悬念感，时间和空间的搭建激发了学生对历史事件的探索热情。

又如，在"拓展提升"活动中，设问：甲午战争已经过去125年，125年后，甲午又开始新一轮回，我们应该如何看待那场战争？对今天的中国、日本有什么启示？作为新时代的青少年，应该如何展望未来？通过这一情境的创设，把学生从125年前的甲午中日战争又拉回到当下，对现实问题进行思考，让学生思考现实的世界环境、中日关系，不仅做到以史鉴今、学以致用，更是增强了学生的责任感、使命感和家国情怀。中国"要借鉴日本抓住历史机遇实现民族崛起的经验，抓住目前改革开放的机遇""以日为师，学习日本和西方先进的科技、文化和管理经验"；日本"要以史为鉴，走和平之路，加强友好合作，坦诚交流"；青少年"要牢记历史，热爱祖国，好好学习科学文化知识，为中国之崛起而努力"等。学生们思如潮涌，激情的发言一发不可收。

又如，"课外延伸"环节活动三：结合历史及所学撰写历史感想《梦回甲午》或《甲午海战检讨书》。该情境的创设进一步引导学生思考，既是对本课学习进行总结，更是增强学生对甲午中日战争更深层次的思考。

又如，通过展示"丝绸之路路线图"，学生在地图上指出丝绸之路的起止点和经过的重要地区，并引导学生想象，当时的商队出了玉门关可能经过哪些自然条件恶劣的地区，他们可能会从中原地区带哪些货物去西域，可能会买些什么货物返回长安？学生通过观察地图回答问题，并认识到丝绸之路上的艰辛和丝绸之路所起的作用。

又如，通过展示古埃及地图，认识古埃及的地理位置，以及尼罗河对古埃及经济、文化等各个方面的影响。通过观察古希腊地理形势图，了解古希腊自然地理环境的特点，了解古希腊海洋经济的特点，进而理解海洋文明与古希腊城邦民主制度的关系。通过地图，比较大河文明与海洋文明，初步理解地理环境因素对人类早期文明的影响。

又如，通过一战的教学内容，引导学生对比一战前后欧洲地图的变化，认识一战后欧洲国家疆域版图的变化，进而认识一战对欧洲及世界格局的影响。

综上所述，历史是一部人类史，学习历史就是学习人类为生存而不断发展的历史活动。人们通过对人类历史活动的时空进行了解，分析其发生的因果联系。因此，历史时空观念就是坚持用联系的观点，注意历史事件在时间上的纵向联系和在不同地域之间的横向联系，寻找历史的规律性。加强时空意识的培养，有利于正确还原历史，准确把握历史知识间的联系，有利于知识的纵横类化和大历史观的树立。

十、思考与展望

在高中历史课程标准制定前后进行"发展初中生历史时空观念核心素养的教学策略研究"，陈昔安工作室引领优秀骨干教师们大胆尝试，先行一步，是有远见、敢担当的作为。关于历史学科核心素养，跨学段的教学应该是两位一体，初高中学段不可割裂，是一脉相承的，本课题研究非常有意义，也非常有必要。课题研究既能加强一线历史教师对时空观念及其他历史学科核心素养的认识、理解，提升历史教师时空观念核心素养教学的实践操作能力和专业发展，又能提升学生时空观念核心素养和历史学科的学习兴趣。

通过本次课题研究探索发现，教师结合学生的实际情况，以培养学生的历史时空观念为目标，以教科书为学习工具，整合、深化课程内容，优化教学策略，教师本人的教学理念得到了更新，历史时空意识也得到了加强。学生不仅在历史时空观念核心素养方面得到一定的增强，历史学习能力得到提升，一些较高层次的历史核心素养如"史料实证"和"历史解释"也得到一定的发展。本次教学实践是以初中生历史时空观念培养为主题，编制《初中生历史时空观念培养水平层次》，以学生为研究对象，调查分析了学生的历史时空观念现状，提出相对应的培养策略，并展开教学实践。

结合此次的教学实践，本课题组成员认为，在初中历史教学过程中，培养学生的历史时空观念素养需要注意以下几个方面：

（一）教师主导

在历史课堂中，培养学生的时空观念，提高学生的历史学科核心素养，教师是关键。"对于历史教育学的本质而言，第一是研究学生，第二是研究学生，第三还是研究学生；对于历史教育学的内容而言，第一是视野，第二是视野，第三还是视野。"教师的视野在一定程度上决定了学生的视野，要有效培养学生的历史时空观念，教师本人的历史时空观念意识非常重要。因此，拓宽学生的视野，培养学生的时空观念，教师是关键。教师转变教学方式，优化教学策略，帮助学生形成历史时空观念，发展整体史观。教师注重从长时段、大时代背景进行教学设计，关注历史发展内在逻辑关系，侧重在一定时空下的纵向和横向对比，"揭示出历史发展的总体趋势和阶段特征，使教师了解学习板块的总体框架和结构，帮助学生将杂乱的历史知识联系起来，促进学生思维的抽象，实现学习的迁移"。为避免不利于学生发展的"只见树木，不见森林"的教学设计，教学立意也随之提升为着眼于培养学生的学科核心素养，即学生的关键能力与必备品格。教师须做到如下两点：

1. 研读课标，把握主线

《基础教育课程改革纲要（试行）》规定："国家课程标准是教材编写、教学、评估和考试命题的依据，是国家管理和评价课程的基础。"课程标准是教师设计教学目标、实施课堂教学、进行教学评价和考核的依据。而历史学科具有综合性的特点，这就需要历史教师"力图从整体上把握历史，而不是孤立、分散地讲述历史知识""注重人类历史不同领域发展的关联性，注重历史与现实的联系，使学生逐步学会综合运用所学知识和方法对历史和社会进行全面的认识"。初中历史教材因为篇幅所限，内容精简，造成内容编排的不连贯。虽然是通史模式，但在课程内容设计上则采用主题模式，弱化了历史学科时空观念的学习。因此，教师在历史课堂教学中不能孤立地看待某一具体的历史人物、历史事件和历史现象，应该根据课程标准的要求，分析教材内涵，厘清教材知识点之间的联系，才能帮助学生从宏观上把握历史发展主线，厘清历史发展脉络，逐步形成正确的历史时空观念，从整体上认识历史发展的阶段特征和基本线索。

例如，《义务教育历史课程标准》（2011年版）的课程内容中，中国近代史"始终贯穿着两条主线：一条是中国人民为争取民族独立、政治民主而不断斗争，直至革命胜利的主线；另一条是中国人民在革命斗争中，不断推动中国社会向现代化迈进的主线"。教师应该在学生认识和了解这一时段的一些重要历史人物、历史事件和历史现象后，有意识地引导学生以时间轴或历史思维导图的形式归纳、梳理这一历史时段的发展脉络，将历史的"点"置于历史时空中去观察，认识这一历史时期的发展线索和阶段特征，从而形成正确的历史时空观念。关于这一点的内容本文前面已有详细论述，在这里不再过多赘述。

2. 精选材料，创设情境

"所谓情境教学法，就是指在教学过程中，教师有目的地引入或创设具有一定情绪色彩的、以形象为主体的、生动具体的场景，引起学生一定的态度体验，从而帮助学生理解教学内容，促进心智发展的教学方法。"从历史学科特点出发，几千年的历史浩如烟海，中学历史课时有限，不可能原原本本、详详细细地学习历史，有些年代久远的历史脱离学生生活经验，势必造成历史的抽象性。因此，精选历史材料，创设有效的历史情境进行教学，将有助于学生将抽象历史具体化，再现历史，帮助学生回到历史现场，促进学生正确的历史时空观念的培养，进而能够全面而理性地认识和理解历史现象。

例如，在学习"工业革命的影响"这一部分的历史知识时，通过展示不同材料，帮助学生认识和了解工业革命给英国、世界和中国所带来的不同影响。如展示图表"英国棉花加工量和生铁产量增长表"和图片"烟囱林立的英国工业城市谢菲尔德"，学生能够认识到工业革命给英国创造了巨大的生产力，英国的社会面貌发生了巨大变化；再通过展示英国在1851年伦敦世博会的展品和1876年费城世博会中国馆的展品对比，学生在不同时空中感受工业革命后中英两国的实力差距，认识到工业革命造成了西方先进、东方落后的局面。当然，史料的精选要有一定的标准。一是尽量精短。教学时间有限，史料无限，不可能面面俱到，因此史料的选取不能过多、过长，喧宾夺主，应该根据教学内容的重难点有所取舍。二是尽量降低难度。对于初中生来说，文言文阅读能力非常有限，选取的史料不能过于高深晦涩，打击学生的学习信心和兴趣。特别是初一学生，某些难度较大的文言文可翻译成白话文呈现。三是"尽量选用较为可信的材料，如实物资料、无意证据和直接史料；要尽量选用与教学内容相适宜的材料……要尽量同时呈现正反两方面的证据，让学生自己得出结论"。

（二）学生主体

徐蓝教授说："之所以要提出各个学科的核心素养，是因为学生核心素养的养成是通过各个学科的学习来实现的。学生核心素养的培养最终要落在学科核心素养的培育上。"可见，培养学生的历史学科核心素养最终是为了发展学生核心素养，学科核心素养是为学生发展核心素养奠定基础的，学生才是发展的主体。培养学生的历史时空观念核心素养，自然不能脱离以学生学习为主线。在教学过程中，注重依据历史发展的进程，整合、深化历史课程资源，采取多种形式的培养策略，充分发挥学生的主体作用，促进学生的全面发展，教师要做到以下两点。

1. 尊重学生认知规律，设置分层培养目标

培养学生的历史时空观念，应该从学生的角度出发，以学生为主体，遵循学生的认知规律，结合不同学段的教学特点，对每个学段的学生历史时空观念的培养提出循序渐进、有层次、有梯度的区分维度，并以此来设置不同学段对学生历史时空观念的培养目标。

例如，对于七年级学生，培养学生历史的时空观念主要从最简单的识读历史图表、正确计算历史年代和学会绘制时间轴或思维导图等方面着手，初步感知历史时空观念；对于八年级学生，通过了解中国近现代史的历史人物、历史事件和历史现象，勾勒这一段历史的发展阶段及时代特征，把握历史发展脉络，认识历史发展的时代特征和基本线索；对于九年级学生，要求则有所提升，侧重历史纵向发展和横向联系相结合，"使学生能够感受到世界历史是在纵横交错的历史时空中不断前进的"，从而树立全球意识和国际视野。

2. 尊重学生兴趣特点，优化教学方法策略

学生时空观念的培养需要学生的主动参与。缺少了学生的主动参与，想要达到的培养效果自然难以实现。因此，教师应该精心设计教学，根据具体的教学目标、教学内容、学情分析甚至是自身特点，灵活运用多种教学方法进行历史教学，采用多种形式的培养策略，调动学生积极参与历史课堂，逐步培养学生的历史时空观念。

例如，引导学生动手制作时间轴、大事年表或思维导图，梳理历史发展脉络，将"点"串成"线"，进而绘制成"面"。学生在主动参与的过程中学会从微观层面上升至宏观层面，以发展的眼光观察历史、理解历史。对于年代久远、学生比较陌生的历史人物或历史现象，教师可以采用直观形象的图片或历史剧表演或角色扮演等形式，创设历史情境。学生可以穿越历史时空回到历史现场，了解当时特定的时代背景，进而客观分析历史人物、历史事件和历史现象。

历史时空观念是历史核心素养中的一项基本素养，是深入理解历史、探究历史的基础。培养学生的历史时空观念，拓展学生的历史视野，并不能一蹴而就，而是一项庞大而系统的长期工程。除了需要教育部门和众多专家学者的引领外，也需要广大一线教师积极更新教学理念，努力进行教学实践探索。希望本文的研究能对初中生历史时空观念核心素养的培养有一定帮助和借鉴，起到抛砖引玉的作用。

十一、参考文献

（一）普通图书

[1] 赵恒烈.历史思维能力研究［M］.北京：人民教育出版社，1998.

[2] 赵亚夫.国外历史教育透视［M］.北京：高等教育出版社，2003.

[3] 赵亚夫.国外历史课程标准评介［M］.北京：人民教育出版社，2005.

[4] 林慈淑.历史，要教什么？——英·美历史教育的争议［M］.台湾：台湾学生书局，2010.

[5] 张向阳.历史教学论［M］.长春：长春出版社，2011.

[6] 张庆海.中学历史教学中的史学理论问题［M］.长春：长春出版社，2012.

[7] 王继平.中学历史教学研究方法概论［M］.长春：长春出版社，2012.

[8] 教育部基础教育课程教材专家工作委员会.义务教育历史课程标准（2011年版）解读［M］.北京：北京师范大学出版社，2012.

[9] 张汉林.历史教育追寻什么及如何可能［M］.北京：中国民主法制出版社，2016.

[10] 中华人民共和国教育部.义务教育教科书中国历史（八年级上册）［M］.北京：人民教育出版社，2017.

[11] 聂幼犁.历史课程与教学论［M］.杭州：浙江教育出版社，2003.

[12] 中华人民共和国教育部.全日制义务教育历史课程标准（实验稿）［M］.北京：北京师范大学出版社，2001.

［13］冯长运.全日制义务教育历史课程标准教师读本［M］.武汉：华中师范大学出版社，2002.

［14］教育部基础教育司.全日制义务教育历史课程标准解读［M］.北京：北京师范大学出版社，2002.

［15］中华人民共和国教育部.全日制义务教育历史课程标准（2011年版）［M］.北京：北京师范大学出版社，2012.

［16］叶小兵，姬秉新，李稚勇.历史教育学［M］.北京：高等教育出版社，2004.

［17］［英］罗素.西方哲学史［M］.北京：商务印书馆，1996.

［18］李崇德.21世纪学生发展核心素养研究［M］.北京：北京师范大学出版社，2016.

［19］赖永海.楞严经［M］.北京：中华书局，2010.

（二）学位论文

［1］田源.新课改下中学历史教学时空意识培养［D］.锦州：渤海大学，2016.

［2］臧楚.中学历史教学中时空观念的培养［D］.济南：山东师范大学，2017.

［3］李月琴.近20年来美国中学历史教学改革研析［D］.上海：华东师范大学，2007.

［4］张晓东.高中历史教学时空观的培养——以中日教材对比为例［D］.长春：东北师范大学，2013.

［5］韩悦琦.初中历史课程时序意识的加强及其对教学的要求——以义务教育历史课程标准（2011年版）为中心［D］.南京：南京师范大学，2014.

［6］常萍.中美初中历史时序思维教学的比较研究［D］.石家庄：河北师范大学，2015.

（三）期刊中析出的文献

［1］李可琛.培养学生历史学习中的时间、空间观念［J］.历史教学，1979（7）.

［2］王廷科.谈谈历史教学中的时间概念和空间概念［J］.历史教学，1980（6）.

［3］蔺子武.时空观念的形成和历史教学［J］.兰州教育学院学报，1991（8）.

［4］叶小兵.培养和发展学生历史思维能力的教学实践［J］.历史教学，1991（7）.

［5］赵志汉.历史学科的时间观念教学［J］.历史教学，1992（11）.

［6］赵恒烈.历史思维的三时态［J］.首都师范大学学报（社会科学版），1993（8）.

［7］叶小兵.美国历史科国家标准对历史思维的论述［J］.课程·教材·教法，1995（11）.

［8］赵恒烈，冯习泽.培养创造性历史思维能力——多维历史联想［J］.课程·教材·教法，1996（8）.

［9］杨勤芳.历史地理观念在课堂教学中的运用［J］.中学历史教学参考，1997（3）.

［10］许有恒.中学生应如何掌握历史时间［J］.中学历史教学参考，1999（8）.

［11］韦建钢.浅谈中学历史阶段特征问题的教学［J］.中学历史教学研究，2000（1）.

［12］李稚勇.英国历史科国家课程标准论析［J］.历史教学，2003（1）.

［13］赵国惠，邬岩姣.英国历史学科国家课程标准探析［J］.大连教育学院学报，2006（4）.

［14］马执斌.注重时序是历史学科的特点［J］.中学历史教学，2008（9）.

［15］刘冬梅.简析美国对历史思维能力的分解［J］.历史教学（中学版），2009（12）.

［16］韩国伟.中学历史教学中如何培养学生的时空意识［J］.文学与艺术，2010（2）.

［17］杜海军.中学生历史思维能力的培养初探［J］.教育导刊，2011（4）.

［18］林慈淑."编年"或"主题"？——英国历史课纲的争论［J］.历史教学（中学版），2011（10）.

［19］姚锦祥，沈晓娜.从科举制评价题谈多时段认识历史问题的教学策略［J］.历史教学（中学版），2012（8）.

［20］马曙慧.历史之"时"：谈时间思维能力的培养［J］.课程·教材·教法，2012（2）.

［21］何成刚，沈为慧，陈伟壁.历史教学中时序观念的培养［J］.历史教学（中学版），2012（1）.

［22］吴伟.历史学科能力与历史素养［J］.历史教学（中学版），2012（11）.

［23］叶小兵.《义务教育历史课程标准》（2011年版）的新变化［J］.历史教学（中学版），2012（4）.

［24］徐蓝.遵循历史学科时序性　凸显历史发展主线——历史课程标准修订解读［J］.基础教育课程，2012（Z1）.

［25］辛涛，姜宇，刘霞.我国义务教育阶段学生核心素养模型的构建［J］.北京师范大学学报（社会科学版），2013（1）.

［26］王继平，冯丽.加拿大历史思维基准的一种评估框架透视［J］.历史教学问题，2013（4）.

［27］赵士祥.神入历史与时序思维能力培养的教学探讨［J］.历史教学（中学版），2013（5）.

［28］张娜.DeSeCo项目关于核心素养的研究及启示［J］.教育科学研究，2013（10）.

［29］裴新宁，刘新阳.为21世纪重建教育——欧盟"核心素养"框架的确立［J］.全球教育展望，2013（12）.

［30］施久铭.核心素养：为了培养"全面发展的人"［J］.人民教育，2014（10）.

［31］孙立田，任世江.论历史思维能力分类体系［J］.历史教学（上半月刊），2014（6）.

［32］窦桂梅，胡兰.基于学生核心素养发展的"1+X课程"建构与实施［J］.课程·教材·教法，2015（1）.

［33］褚宏启.核心素养的概念与本质［J］.华东师范大学学报（教育科学版），2016（1）.

［34］陈超.历史学科核心素养的构成与培养［J］.福建教育学院学报，2016（1）.

［35］贺千红.历史学科核心素养及培养途径初探［J］.历史教学（上半月刊），2016（2）.

［36］宋景田.关注核心素养的考查　重视共识共通的理解——2015年新课程高考卷Ⅰ第40题引发的反思［J］.历史教学（上半月刊），2016（2）.

［37］李锡海.美国历史和社会科学分析技能探析——以加州10年级《世界历史》为例［J］.中学历史教学，2016（2）.

［38］余文森.核心素养的教学意义及其培育［J］.今日教育，2016（3）.

［39］何成刚.历史核心素养的提炼与培养［J］.历史教学（上半月刊），2016（6）.

［40］黄牧航.历史学科核心素养与历史教师的专业发展［J］.历史教学（上半月刊），2016（6）.

［41］夏辉辉.核心素养视野下的历史教学理解与教学实践［J］.历史教学（上半月刊），2016（6）.

［42］李晓风.对于历史学科"核心素养"的一些疑惑和商榷［J］.历史教学（上半月刊），2016（6）.

［43］陈畅.实施核心素养需直面的三个重要问题［J］.历史教学（上半月刊），2016（6）.

［44］曹大梅，张秋生.谈历史时空观素养的考查与培养——以新课标全国卷历史试题为例［J］.中学历史教学，2016（6）.

［45］王强.浅谈七年级学生"历史时空观念"的培养［J］.中学历史教学参考，2017（4）.

［46］肖海平，付波华.体验式教学：素质教育的理想选择［J］.教育实践与研究，2004（1）.

［47］於以传.改进中学历史地图教学的思考与实践［J］.课程·教材·教法，2014（5）.

［48］刘国贞.历史教学应注意培养学生的时空观念［J］.天中学刊，1999（S1）.

［49］赵根柱.谈时间、空间观念在历史教学中的作用［J］.散文百家（新语文活页），2013（7）.

［50］蔺子武.时空观念的形成和历史教学［J］.兰州教育学院学报，1991（2）.

［51］高云.高中历史教学中时空观的培养［J］.中学课程辅导（教师通讯），2014（12）.

［52］朱汉国.浅议21世纪以来历史课程目标的变化［J］.历史教学（上半月刊），2015（10）.

［53］黄牧航.历史新课程的教学如何帮助学生建立正确的时空观［J］.历史学习，2007（7）.

［54］冯刚.历史核心素养之"时空观念"素养的培养途径初探［J］.启迪：教育教学版，2016（8）.

［55］傅国兴.高中历史时空观念的培养目标及教学策略——以中国近代史的教学为例［J］.福建教育，2017（Z2）.

（四）其他出处文献

［1］普通高中历史课程标准（初稿）［EB/OL］.（2015-11-07）http//www.fjjcjy.com/WebJcjy/ShowLast.aspx? new_id=7be3749cf0554cfe93f5a844cbd1f143&from=singlemessage.

［2］中华人民共和国教育部.普通高中历史课程标准（征求意见稿）［S］.北京：人民教育出版社，2017.

十二、附　录

附录一　深圳市教育科学"十三五"规划课题

"发展初中生历史时空观核心素养的教学策略研究"
前期调查问卷（教师卷）

尊敬的老师：

您好！为配合"发展初中生历史时空观核心素养的教学策略研究"课题的研究，我们初步设计了此问卷，烦请您在繁忙的工作中抽出时间如实填写，谢谢合作！问卷采用不记名方式。

请您在下面的备选答案中画"√"。

您的性别（男、女）；您的专业背景（政治、历史、地理、其他）；

您是（七年级、八年级、九年级）教师。

请您将合适的选项填入括号内。（如选"其他"选项，请把具体内容写在横线上，其中1、2、5、7、8、9可多选）

1. 您认为学科核心素养应该解决的问题是培养学生（　　）。

　　A. 掌握学科核心知识　　　　　B. 学科能力

　　C. 情感态度与价值观　　　　　D. 学科方法

2. 您认为学科核心素养应突出强调（　　）。

　　A. 个人修养　　　　　　　　　B. 社会关爱

　　C. 家国情怀　　　　　　　　　D. 学科知识

3. 据您了解，历史学科核心素养最新提法确定于（　　）。

　　A. 2014年　　　　　　　　　　B. 2015年

　　C. 2016年　　　　　　　　　　D. 2017年

4. 您对历史学科核心素养的了解程度是（　　）。

　　A. 非常了解　　　　　　　　　B. 了解

　　C. 了解一些　　　　　　　　　D. 完全不了解

5. 您所了解的历史学科核心素养包括（　　）。

　　A. 唯物史观　　　　　　　　　B. 时空观念

　　C. 史料实证　　　　　　　　　D. 历史解释

　　E. 家国情怀

6. 您认为历史学科核心素养的核心思维是（　　）。

　　A. 唯物史观　　　　　　　　　B. 时空观念

　　C. 史料实证　　　　　　　　　D. 历史解释

7. 您认为历史时空观念指的应该是（　　）。

　　A. 历史时序观念　　　　　　　B. 历史哲学观念

　　C. 历史地理观念　　　　　　　D. 历史价值观念

8. 您常用的培养学生历史时序观念的方式是（　　）。

　　A. 编制大事年表　　　　　　　B. 划分历史阶段并总结特征

　　C. 创设历史情境　　　　　　　D. 树立中外共时性大事年表

　　E. 其他：_____

9. 您认为培养学生历史空间观念比较有效的媒介是（　　）。

　　A. 历史图片　　　　　　　　　B. 历史地图

　　C. 历史表格　　　　　　　　　D. 历史年代尺

　　E. 其他：_____

10. 据您所知，明确提出初中历史学科核心素养的课程标准（　　）。

    A. 已经出版 　　　　　　　　　　B. 还未出版

    C. 不确定 　　　　　　　　　　　D. 无所谓

您已经完成了所有的问卷，祝您工作顺利！

"发展初中生历史时空观核心素养的教学策略研究"课题组

2018年1月2日

附录二 　深圳市教育科学"十三五"规划课题

"发展初中生历史时空观核心素养的教学策略研究"
前期调查问卷（学生卷）

亲爱的同学们：

为配合"发展初中生历史时空观核心素养的教学策略研究"课题的研究，我们初步设计了此问卷，请你在紧张的学习之余配合我们完成问卷。此问卷采用不记名方式，谢谢合作！

请你在下面的备选答案中画"√"。

你是（七年级、八年级、九年级）学生；你的性别（男、女）。

请你将下列各题中认为合适的选项填入括号内。（如选"其他"选项，请把具体内容写在横线上，其中2、4、6、7、8可多选）

1. 你对历史学科的态度是（　　）。

    A. 喜欢 　　　　　　　　　　　B. 一般

    C. 不喜欢 　　　　　　　　　　D. 没感觉

2. 在学习历史这门学科的过程中，你认为哪方面对你比较有意义（　　）。

    A. 拓展知识面 　　　　　　　　B. 考试得高分

    C. 提高认识社会的能力 　　　　D. 树立正确的人生观、价值观

    E. 其他：_____

3. 你的历史老师会特别关注学生的（　　）。

    A. 学习方法 　　　　　　　　　B. 学习态度

    C. 学习成绩 　　　　　　　　　D. 学习效率

4. 你的历史老师在教学中比较注重（　　）。

    A. 基础知识的落实　　　　　　　B. 解决问题方法的指导

    C. 学习能力的培养　　　　　　　D. 认识社会能力的培养

    E. 其他：_____

5. 你的历史老师将历史学科与其他学科相联系的情况（　　）。

    A. 很多　　　　　　　　　　　　B. 比较多

    C. 偶尔　　　　　　　　　　　　D. 从不

6. 如果有，联系较多的是（　　）。

    A. 思想品德　　　　　　　　　　B. 语文

    C. 地理　　　　　　　　　　　　D. 生物

7. 历史课堂上，老师安排的学习活动形式一般是（　　）。

    A. 设置情境　　　　　　　　　　B. 课堂讨论

    C. 背诵提纲　　　　　　　　　　D. 模拟活动

    E. 其他：_____

8. 为了强化对时间的记忆，你的历史老师常用的方法有（　　）。

    A. 历史歌诀　　　　　　　　　　B. 谐音法

    C. 年代尺　　　　　　　　　　　D. 大事年表

9. 你的历史老师在教学中使用地图配合历史教学的情况（　　）。

    A. 很多　　　　　　　　　　　　B. 比较多

    C. 偶尔　　　　　　　　　　　　D. 从不

10. 历史教材配套的《历史填充图册》的使用情况是（　　）。

    A. 每次课堂上同步使用

    B. 每节课后作业

    C. 偶尔用作课堂同步练习或课后作业

    D. 从未使用过

你已经完成了我们所编写的问卷，祝你学习进步！

"发展初中生历史时空观核心素养的教学策略研究"课题组

2018年1月2日

附录三 深圳市教育科学"十三五"规划课题

"发展初中生历史时空观核心素养的教学策略研究"
后期调查问卷（教师卷）

尊敬的老师：

您好！为配合"发展初中生历史时空观核心素养的教学策略研究"课题的研究，我们初步设计了此问卷，烦请您在繁忙的工作中抽出时间如实填写，谢谢合作！问卷采用不记名方式。

请您在下面所选选项上画"√"。

您的性别（男、女）；您的专业背景（政治、历史、地理、其他）；

您是（七年级、八年级、九年级）教师。

均为不定项选择，请您将合适的选项填入括号内。（如选"其他"选项，请您把具体内容写在横线上）

1. 您认为学科的核心素养应该解决的问题是培养学生的（　　）。

    A. 掌握学科核心知识　　　　　B. 学科能力

    C. 情感态度与价值观　　　　　D. 学科方法

2. 您认为学科核心素养应突出强调（　　）。

    A. 个人修养　　　　　　　　　B. 社会关爱

    C. 家国情怀　　　　　　　　　D. 学科知识

3. 您对历史学科核心素养的了解程度是（　　）。

    A. 非常了解　　　　　　　　　B. 了解

    C. 了解一些　　　　　　　　　D. 完全不了解

4. 您所了解的历史学科核心素养包括（　　）。

    A. 唯物史观　　　　　　　　　B. 时空观念

    C. 史料实证　　　　　　　　　D. 历史解释

    E. 家国情怀

5. 您了解历史学科核心素养的途径是（　　）。

    A. 网络　　　　　　　　　　　B. 书籍

    C. 相关培训　　　　　　　　　D. 其他：＿＿＿＿＿＿＿

6. 您认为影响学生历史核心素养培养的因素有（　　　）。

    A. 课程设置　　　　　　　　B. 教材编写

    C. 教师教学能力　　　　　　D. 评价体系

    E. 社会环境　　　　　　　　F. 学生兴趣

    G. 其他：＿＿＿＿＿

7. 您认为历史学科的核心素养从内涵上看应包括（　　　）。

    A. 通过学习获得的历史核心知识

    B. 运用时空知识准确表达历史、理解历史、解释历史的能力

    C. 对自身的态度；对民族、国家和社会的态度；对世界各国各民族的态度

    D. 在学习和生活中运用史料的能力

8. 您认为历史时空观念指的应该是（　　　）。

    A. 历史时序观念　　　　　　B. 历史哲学观念

    C. 历史地理观念　　　　　　D. 历史价值观念

9. 您认为培养学生历史时序观念较为有效的方式是（　　　）。

    A. 编制大事年表　　　　　　B. 划分历史阶段并总结特征

    C. 创设历史情境　　　　　　D. 树立中外共时性大事年表

    E. 其他：＿＿＿＿＿

10. 您认为培养学生历史空间观念比较有效的媒介是（　　　）。

    A. 历史图片　　　　　　　　B. 历史地图

    C. 历史表格　　　　　　　　D. 历史年代尺

    E. 其他：＿＿＿＿＿

11. 在教学实践中您会经常（　　　）。

    A. 使用时间轴　　　　　　　B. 使用大事年表

    C. 设计表格梳理历史发展进程　　D. 投影历史地图

    E. 使用历史图册　　　　　　F. 重视试题中的时序条件

12. 您认为培养学生时空观念的水平应达到（　　　）。

    A. 能够辨识历史叙述中不同的时间与空间表达

    B. 能够将某项史事定位在特定的时间和空间框架下

    C. 能够把握相关史事的时间、空间联系，并用特定的时间、空间术语对较长时段的史事加以描述和概括

D. 能够选择恰当的时空尺度对历史和现实问题进行分析、综合、比较，并在此基础上做出合理的解释

13. 您认为您所教的学生在培养历史学科核心素养哪些方面具备优势？（　　）

    A. 唯物史观   B. 时空观念

    C. 史料实证   D. 历史解释

    E. 家国情怀

14. 您认为应该如何判断学生核心素养水平？（　　）

    A. 看考试成绩   B. 看课堂表现

    C. 跟家长打听   D. 多角度发现

15. 您认为目前学生核心素养发展的总体水平（　　）。

    A. 非常好   B. 较好

    C. 一般   D. 比较差

您已经完成了所有的问卷，祝您工作顺利！

"发展初中生历史时空观核心素养的教学策略研究"课题组

2018年11月29日

附录四　深圳市教育科学"十三五"规划课题

"发展初中生历史时空观核心素养的教学策略研究"
后期调查问卷（学生卷）

亲爱的同学们：

为配合"发展初中生历史时空观核心素养的教学策略研究"课题的研究，我们初步设计了此问卷，请你在紧张的学习之余配合我们完成问卷。此问卷采用不记名方式，谢谢合作！

请你在下面的选项上画"√"。

你是（七年级、八年级、九年级）学生；你的性别（男、女）。

不定项选择，请将下列各题中你认为合适的选项填入括号内。（如选"其他"选项，请把具体内容写在横线上）

1. 你对历史学科的态度是（　　　）。

    A. 喜欢　　　　　　　　　　B. 一般

    C. 不喜欢　　　　　　　　　D. 没感觉

2. 你对历史学科核心素养的了解程度是（　　　）。

    A. 非常了解　　　　　　　　B. 了解

    C. 了解一些　　　　　　　　D. 完全不知道

3. 你对历史学科核心素养——时空观念的了解程度是（　　　）。

    A. 非常了解　　　　　　　　B. 了解

    C. 了解一些　　　　　　　　D. 完全不知道

4. 除时空观念外，你所了解的历史学科核心素养还包括（　　　）。

    A. 唯物史观　　　　　　　　B. 史料实证

    C. 历史解释　　　　　　　　D. 家国情怀

5. 你了解历史学科核心素养的途径是（　　　）。

    A. 网络　　　　　　　　　　B. 学科杂志

    C. 历史课堂　　　　　　　　D. 其他：_____

6. 在学习历史这门学科的过程中，你认为哪方面对你比较有意义？（　　　）

    A. 拓展知识面　　　　　　　B. 考试得高分

    C. 提高认识社会的能力　　　D. 树立正确的人生观、价值观

    E. 其他：_____

7. 你的历史老师会特别关注学生的（　　　）。

    A. 学习方法　　　　　　　　B. 学习态度

    C. 学习成绩　　　　　　　　D. 学习效率

8. 你的历史老师在教学中比较注重（　　　）。

    A. 基础知识的落实　　　　　B. 解决问题方法的指导

    C. 学习能力的培养　　　　　D. 认识社会能力的培养

    E. 其他：_____

9. 你的历史老师将历史学科与其他学科相联系的情况（　　　）。

    A. 很多　　　　　　　　　　B. 比较多

    C. 偶尔　　　　　　　　　　D. 从不

10. 如果有，联系较多的是（　　　）。

    A. 思想品德　　　　　　　　B. 语文

    C. 地理　　　　　　　　　　D. 生物

11. 历史课堂上，老师安排的学习活动形式一般是（　　　）。

    A. 设置情境　　　　　　　　B. 课堂讨论

    C. 背诵提纲　　　　　　　　D. 模拟活动

    E. 其他：_____

12. 为了强化对时间的记忆，你的历史老师常用的方法有（　　　）。

    A. 历史歌诀　　　　　　　　B. 谐音法

    C. 时间轴　　　　　　　　　D. 大事年表

13. 你的历史老师在教学中使用地图配合历史教学的情况（　　　）。

    A. 很多　　　　　　　　　　B. 比较多

    C. 偶尔　　　　　　　　　　D. 从不

14. 历史教材配套的《历史图册》《历史填充图册》的使用情况是（　　　）。

    A. 每次课堂上同步使用

    B. 每节课后作业

    C. 偶尔用作课堂同步练习或课后作业

    D. 从未使用过

15. 历史老师通过什么评价你的历史学科学习水平？（　　　）

    A. 考试成绩　　　　　　　　B. 课堂表现

    C. 活动课研究能力　　　　　D. 多角度综合评价

你已经完成了所有问卷，祝你学习进步！

          "发展初中生历史时空观核心素养的教学策略研究"课题组

                            2018年11月29日

附录五 深圳市教育科学"十三五"规划课题

"发展初中生历史时空观核心素养教学策略研究"前期问卷调查报告

深圳市福田区翰林实验学校 张 微

(一)前 言

新一轮高中课程改革最重要的部分是提出了以培养和提高学生学科核心素养为核心的课程与教学的新理念。《普通高中历史课程标准》(2015年版)中对高中生历史学科核心素养的界定是:"学生在学习历史过程中逐步形成的具有历史学科特征的思维品质和关键能力,是历史知识、能力和方法、情感态度和价值观等方面的综合表现。"历史学科核心素养的提出经历了一个曲折反复的过程。2016年8月,高中历史学科核心素养整合为唯物史观、时空观念、史料实证、历史解释和家国情怀。时空观念是五个学科核心素养之一。

历史时空观念是指历史时序观念和历史地理观念,即在特定的时间联系和空间联系中对事物进行观察、分析的意识和思维方式。任何历史事物都是在特定的、具体的历史时间和地理条件下发生的,只有将史事置于历史进程的时空框架当中,才能显示出它们存在的意义。历史学科的知识是构建在历史时空基础上的,对历史的认识必须从时空观念的角度出发。发展学生的历史时空观念素养,能有效提高学生历史学科学习的水平,更好地服务历史学科的学科价值。

在教育部颁布《关于全面深化课程改革落实立德树人根本任务的意见》之后,历史教育专家及广大一线教师对高中历史学科核心素养及历史时空观念的研究日益深入,论文、研究报告层出不穷,为历史教师认识历史学科核心素养提供了有益的参考。目前使用的《初中历史课程标准》(2011年版)中虽然没有对历史时空观念进行直接的表述,但在"课程目标"知识与能力中要求"了解历史的时序,初步学会在具体的时空条件下对历史事物进行考察,从历史发展的进程中认识历史人物、历史事件的地位和作用"。在"课程目标"过程与方法中也提出"在学习历史的过程中,逐步学会运用时序与地域、原因与结果、动机与后果、延续与变迁、联系与综合等概念,对历史事实进行理解和判断"的要求等。初中学段历史学科核心素养的培养对高中学段会产生至关重要的影响。随着高中历史课程标准制定的完成，初中历史课程标准的修订也是课程改革的大趋势。

现阶段对初中历史学科核心素养之一———历史时空观念的教学策略研究尚处于起步阶段，因此了解初中历史教师对历史时空观念认识的基本水平对研究有着重要的意义。为配合深圳市教育科学"十三五"规划课题"发展初中生历史时空观核心素养的教学策略研究"的研究工作，我们设计了两份《发展初中生历史时空观核心素养教学策略研究调查问卷》（教师卷与学生卷），意图通过师生问卷内容的分析考察参与课题研究的历史教师对历史时空观念了解的基本水平，以求对之后的课题研究提供一定的依据，进而探索出发展初中生历史时空观核心素养的教学策略。

（二）研究方法

1. 被　试

本研究以参与课题研究的全体教师和部分教师所教学生为主体，他们均来自深圳市属或各区属初中，分布较为广泛。我们利用网络问卷平台——问卷星发布问卷，共收到教师问卷答卷18份，学生问卷答卷715份。

（1）教师样本

在18份教师答卷中，从所教年级上看，七年级6人、八年级3人、九年级9人，18人中88.89%为历史专业背景；从技术职称上看，13人为中学一级教师，占比72.22%。此次调查以中青年教师为主。

（2）学生样本

考虑到后续对比研究的需要，被试选择的是参与课题研究的部分七、八年级的学生。根据回收的715份学生答卷统计，从学生性别上看，男生400人，女生315人，男生高于女生，这种状况基本符合现阶段深圳初中学生性别比例。

表1-21　学生的年级和性别构成

年级	男	女	合计
七年级	177	123	300
八年级	223	192	415
合计	400	315	715

2. 研究工具

参考相关资料，我们编制了《发展初中生历史时空观核心素养的教学策略研究调查问卷》（教师卷和学生卷），以期通过回收答卷的数据统计、分析、考察初中历史教师对历史学科核心素养及时空观念了解认识的现状。每份问卷都分成两个部分，第一部分是教师或学生的基本信息，第二部分是测试问题。测试问题为开放式，部分题目设置了"其他"选项，希望教师和学生提供更多的思路和做法。

调查问卷教师卷包含被试历史教师对学科核心素养的认知度（1~2题）、对历史学科核心素养的认知度（3~8题）和在日常教学过程中对历史时空观念培养方式（9~10题）三个维度。学生问卷的设计意图是希望通过学生的反馈来了解现阶段教师对历史学科核心素养的关注程度。问卷包含学生对历史学科的态度（1~2题）、教师对历史学科核心素养的关注程度（3~4题）和教师日常培养时空观念的教学策略（5~10题）三个维度。问卷利用网络平台发布，回收后由网络后台进行数据统计。

（三）结果与分析

1. 被试教师对学科核心素养及历史时空观念认知现状

通过教师答卷可以看出，目前所有的被试历史教师对学科核心素养及历史学科核心素养都有所关注，有一定程度的了解，但很多问题还并不那么清晰。对于本课题要研究的历史时空观念，被试教师认识相对明确，这也从侧面说明了历史时空观念在历史学科中的重要作用，以及历来是受到历史教师重视。与得出以上结论相关的部分问题及调查结果如下列各图所示。

教师卷第1题：您认为学科的核心素养应该解决的问题是培养学生（多选，答案是ABCD，结果如图1-5所示）。

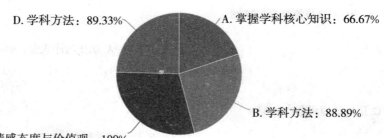

图1-5

教师卷第3题：据您了解，历史学科核心素养最新提法确定于（单选，答案是C，结果如图1-6所示）。

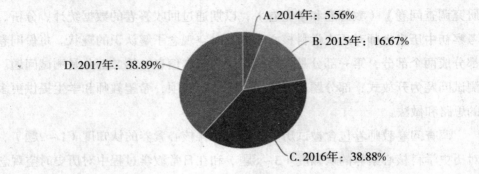

图1-6

教师卷第5题：您所了解的历史学科核心素养包括（多选，答案是ABCDE，结果如图1-7所示）。

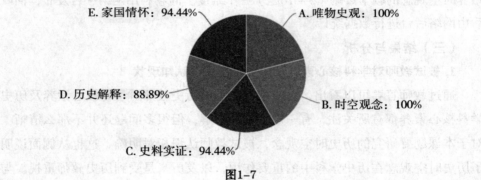

图1-7

教师卷第7题：您认为历史时空观念指的应该是（多选，答案是AC，结果如图1-8所示）。

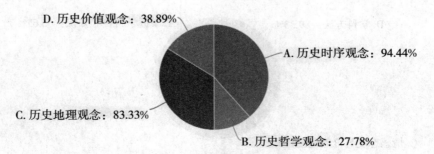

图1-8

2. 被试教师的教育理念及教学思想

历史学科核心素养是学生在接受历史教育过程中（学习历史过程中）逐步形成的具有历史学科特征的思维品质和关键能力，是历史知识、学习历史的能力和方法、学习历史所形成的情感态度和价值观等方面的综合体现，是具有历史学科特点的关键成就，是历史学科育人价值的集中体现。发展学生的历史学科核心素养，能有效提高学生历史学科学习的水平，更好地服务历史学科的学科价值。那么，教师在教学中对历史学科核心素养的关注程度直接影响历史学科核心素养的落实。所以，本次调查意图通过学生卷3～4题的设计，从侧面了解现阶段参与课题研究的历史教师对历史学科核心素养的关注程度。从调查结果可以看出，被试的大部分教师不仅关注学生的学习成绩，还能特别关注学生学习历史的态度及学习方法的指导，在教学中除了重视基础知识的落实以外，还特别注重学习能力的培养和解决问题方法的指导。由此可见，参与课题研究的绝大部分教师的教育理念和教学思想相对比较先进，是课题后续研究的良好基础。得出以上结论的问题及调查结果如下列各图所示。

学生卷第3题：你的历史老师会特别关注学生的（单选，无固定答案，结果如图1-9所示）。

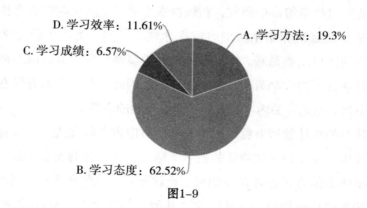

图1-9

学生卷第4题：你的历史老师在教学中比较注重（多选，无固定答案，结果如图1-10所示）。

其中，设置的"其他"项，答卷中会涉及表达能力的培养、课堂氛围的调节以及作业的完成情况等。

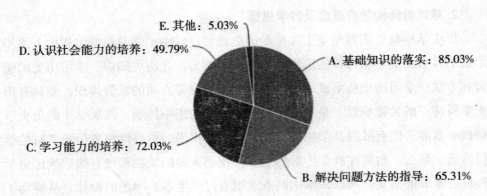

图1-10

3. 被试教师目前培养学生时空观念的教学策略

初中历史教学应该通过发展初中生核心素养，引导学生学会如何学习历史课程，引导学生在学习历史的过程中逐步掌握学习历史的能力和方法，形成正确的情感、态度和价值观。学生应该通过历史学习收获比了解历史知识更上位的东西，能够理解历史，构架自己对历史的解释。当学生毕业以后，特别是那些不以历史教学与研究为其生涯的个体，以往的历史学习留给他们的思维品质、能力、情感、态度和价值观，能够使他们终生受用。那么，以此为目标，历史教师要通过教学策略的研究，积极探索发展学生历史时空观念核心素养的路径和方法，通过培养学生历史时空观念核心素养，为学生历史学科学习奠基，为学生的终身发展奠基。本课题涉及教学策略研究，通过前期调查了解课题组教师目前常用的教学策略是非常必要的。因此，在此次调查问卷的教师卷和学生卷中都有与此有关内容的直接和间接问题的设置。

从教师卷的统计数据上看，在培养学生时序观念的方式上，所有的教师都会采用划分历史阶段并总结特征的教学策略。此外，编制大事年表、梳理中外共时性大事年表的方式也各有77.78%，也就是14位教师所采用，另外有50%的教师采用的创设历史情境的方式。在"其他"的选项中，有1位教师还提到了"思维可视化图、思维导图的方式"，值得同行们去尝试。在"您认为培养学生历史空间观念比较有效的媒介是什么（多选题）"的回答中，94.44%的被试教师认为是历史地图，历史年代尺、历史表格、历史图片的选择占比也很高，这说明对于落实培养学生历史时空观念过程中可利用的媒介，历史教师是有共识的，这有利于本课题关于发展初中生历史时空观念核心素养教学策略的研究，但同时给我们的研究提出了更高的创新要求。

学生卷5—10题设计的意图是通过学生的视角了解部分被试教师日常在培养学生时空观念方面的教学策略。通过数据统计我们可以看到，选取做样本的学生认为，大部分教师在日常教学中会关注到时空观念的培养，或与其他学科相联系，或利用有效的教学媒介采用较为高效的教学策略。但值得关注的是，纵使被试教师教育理念更新及时，教学策略多样高效，在"历史课堂上，老师安排的学习活动形式一般是（多选题）"的问题答案中，我们看到有72.59%的选项为"背诵提纲"这种最为传统的学习形式，其次才是"课堂讨论"（占比57.62%）"设置情境"（占比47.13%）。而学生在"其他"选项中填出的较为有价值的答案有测验、做题、相互提问等，与前文提到的统计结果有些许矛盾。由此可见，将先进的教育理念、教学思想真正落到实处是需要多种因素共同作用的。新课改以来，历史课堂教学经历了从最初追求形式上的创新，到今天越来越意识到一堂真正有底蕴的历史课更应该在思想和内容上达到一个高度，才能给学生带来启悟。我们越来越期待历史课堂可以实现教学思想性与趣味性的和谐统一。在这种思想的主导下，我们的课题研究应尝试探寻一些既遵循新课程理念，也不回避客观存在的学业水平考试评价原则，又符合历史学科特点的优质教学策略，以此让我们的课堂既鲜活生动、意韵悠长，又经得起评价的考验，即我们既要做到对学生的终身发展负责，又对学生当下的升学考试负责。

与得出以上结论相关的部分问题及调查结果如下列各图所示。

学生卷第5题：你的历史老师将历史学科与其他学科相联系的情况（单选，无固定答案，结果如图1-11所示）。

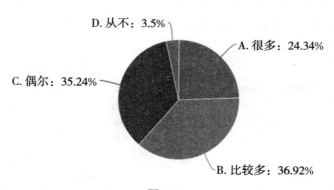

图1-11

学生卷第6题：如果有，联系较多的是（多选，无固定答案，结果如图1-12所示）。在"其他"项的答案中，还有被试学生提到数学和英语两个学科。

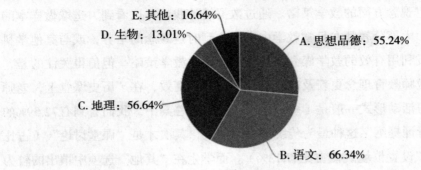

E. 其他：16.64%
D. 生物：13.01%
A. 思想品德：55.24%
C. 地理：56.64%
B. 语文：66.34%

图1-12

学生卷第8题：为了强化对时间的记忆，你的历史老师常用的方法有（多选，无固定答案，结果如图1-13所示）。在"其他"项的答案中，较多的学生提到背诵提纲，也有个别学生提到了思维导图的方式。

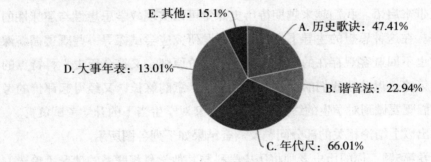

E. 其他：15.1%
D. 大事年表：13.01%
A. 历史歌诀：47.41%
B. 谐音法：22.94%
C. 年代尺：66.01%

图1-13

学生卷第9题：你的历史老师在教学中使用地图配合历史教学的情况（单选，无固定答案，结果如图1-14所示）。

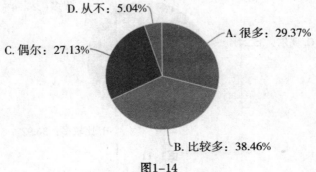

D. 从不：5.04%
C. 偶尔：27.13%
A. 很多：29.37%
B. 比较多：38.46%

图1-14

4. 被试学生对历史学科的态度

通过此次调查，我们欣慰地看到被试的绝大多数学生对历史学科表示出"喜欢"，仅有0.7%的学生在"你对历史学科的态度"的问题中选择了"不喜欢"。同时，在"学习历史这门学科的过程中，你认为哪方面对你比较有意义（多选题）"的问题中，"拓展知识面""提高认识社会的能力""树立正确的人生观、价值观""考试得高分"的选项占比由高到低分别为85.17%、69.51%、60.98%、45.03%，还有学生在"其他"选项中提到"以史为鉴""对现实问题有正确的认识"等。由以上数据及信息可以看出，被试学生对历史学科的功用及价值认识比较深刻，他们很清楚自己希望通过历史学习得到的不仅是考试中的高分，还有终身学习和发展的必备能力。这两个问题的数据统计分析给历史教师极大的鼓励，同时也对初中历史教师提出了更高的要求。

（四）结论与对策

通过此次师生问卷调查，我们看到了喜欢历史并对历史学科功用有着清楚认识的学生，也接触到了及时更新教育理念和教学思想的一线教师。这些师生为课题《发展初中生历史时空观核心素养的教学策略研究》提供了重要的原始资料，让我们认识到一些具体的问题。

目前，所有的被试历史教师对学科核心素养及历史学科核心素养都有所关注，有一定程度的了解，但很多问题还并不那么清晰，而对于课题研究涉及的历史时空观念认识却相对明确，这缘于历史时空观念在历史学科中的重要作用，与课题研究前期准备工作的进行也不无关系。接下来随着课题研究的继续，对相关理论的学习与研究也要持续深入的进行。

通过调查数据我们看到，参与课题研究的绝大部分教师的教育理念和教学思想相对比较先进，他们不仅关注学生的学习成绩，也关注学生学习方法的指导和学习能力的培养，这是课题后续研究的良好基础。我们要紧跟历史教育研究的步伐，及时更新教育教学理念。但是，这不代表没有问题存在。

在实践中，虽然有先进的理念作为指导，也尝试多种教学策略，但被试教师最常用的教学方式依然会与理想有一定差距。面对新的形势，如何做到既对学生的终身发展负责，又对学生当下的升学考试负责，是课题接下来重点研究的问题。

（五）结束语

课题前期问卷调查的分析结论让我们掌握了现阶段有关历史学科核心素养及时空观念研究的基本状况，这为改变学生学习历史"死记硬背"的方式，让学生在活动中接触历史、亲近历史，在体验探究中学习和感悟，从而为学生了解历史、掌握历史知识找到了切入口。运厅关注发展初中生历史时空观念的教学策略，我们以期看到这样的教学场景：学生不再仅限于死记硬背课本上的时间、地点、人物，而是在教师的引导下积极思考，将史事定位在特定的时间和空间框架下，积极主动地参与教学过程，体验和感受历史，大胆质疑，踊跃发表自己的见解，创新思维的火花时时绽放，课堂真正成为展示学生才华的舞台。

参考文献

［1］中华人民共和国教育部.全日制义务教育历史课程标准（2011年版）
　　［M］.北京：北京师范大学出版社，2012.

［2］冯卫东.情境教学操作全手册.［M］.南京：江苏教育出版社，2010.

［3］黄牧航.历史新课程的教学如何帮助学生建立正确的时空观［J］.历史学习，2007（7）.

［4］吴伟.历史学科能力与历史素养［J］.历史教学（中学版），2012（11）.

［5］冯刚.历史核心素养之"时空观念"素养的培养途径初探［J］.启迪：教育教学版，2016（8）.

［6］曹大梅，张秋生.谈历史时空观念素养的考查与培养——以新课标全国卷历史试题为例［J］.中学历史教学，2016（6）.

［7］傅国兴.高中历史时空观念的培养目标及教学策略——以中国近代史的教学为例［J］.福建教育，2017（Z2）.

附录六　深圳市教育科学"十三五"规划课题

"发展初中生历史时空观核心素养教学策略研究"后期问卷调查报告

深圳市福田区翰林实验学校　张婷婷

（一）前 言

历史学科核心素养是学生在学习历史过程中逐步形成的具有历史学科特征的必备品格和关键能力，是历史知识、能力和方法、情感态度和价值观等方面的综合表现。时空观念是历史学科核心素养中重要的素养之一，是指对事物与特定时间及空间联系进行观察、分析的观念，是了解理解历史的基础，是认识历史必备的主要观念。《普通高中历史课程标准（征求意见稿）》将其内涵理解为"任何历史事物都是在特定的、具体的历史时间和地理条件下发生的。只有将史事置于历史进程的时空框架当中，才可能对史事有准确的理解"。培养学生的历史时空观念既符合义务教育历史课程标准的要求，又适应了当前新一轮教育改革的需要。

现阶段对初中历史学科核心素养之一——历史时空观念的教学策略研究尚处于起步阶段，因此了解初中历史教师对历史时空观念认识的基本水平对研究有着重要的意义。为配合深圳市教育科学"十三五"规划课题《发展初中生历史时空观核心素养的教学策略研究》的研究工作，我们设计了两份《发展初中生历史时空观核心素养教学策略研究的调查问卷》（教师卷与学生卷），意图通过师生问卷内容的分析考察参与课题研究的历史教师对历史时空观念了解的基本水平，以求与前期调查结果进行对比，体现课题研究的成效，总结发展初中生历史时空观念核心素养的教学策略。

（二）研究方法

1. 被 试

本研究以参与课题研究的全体教师和部分教师所教的学生为主体，他们均来自深圳市属或各区属初中，分布较为广泛。我们利用网络问卷平台——问卷星发布问卷，共收到教师问卷答卷15份、学生问卷答卷391份。

（1）教师样本

在15份教师答卷中，从所教年级上看，七年级5人、八年级2人、九年级

8人，15人中93.33%为历史专业背景。

（2）学生样本

被试选择的是参与课题研究的部分八、九年级的学生（原七、八年级学生）。根据回收的391份学生答卷统计，从学生性别上看，男生208人，女生183人，男生高于女生，这种状况基本符合现阶段深圳初中学生性别比例。

表1–22　学生的年级构成

年　级	合　计
八年级	204
九年级	187
合计	391

2. 研究工具

参考相关资料，我们编制了《发展初中生历史时空观核心素养的教学策略研究调查问卷》（教师卷和学生卷），以期通过回收答卷的数据统计、分析，考察初中历史教师对历史学科核心素养及时空观念了解认识的状况及主要的教学策略。每份问卷都分成两个部分，第一部分是教师或学生的基本信息，第二部分是测试问题。测试问题为开放式，部分题目设置了"其他"选项，希望教师和学生提供更多的思路和做法。

调查问卷教师卷包含历史教师对历史学科核心素养的认知度（1~7题）、对历史学时空观的认知度（8~10题）、在日常教学过程中对历史时空观念培养方式（11~13题）和评价学生学科核心素养、时空观念水平的标准（14~15题）四个维度。学生问卷的设计意图是希望通过被试的学生反馈来了解课题实施后教师对历史学科核心素养的贯彻程度。问卷包含学生对历史学科的态度（1~6题）、教师对历史学科核心素养的贯彻程度（7~10题）和教师日常培养时空观念的教学策略（11~15题）三个维度。问卷利用网络平台发布，回收后由网络后台进行数据统计。

（三）结果与分析

1. 被试教师对历史学科时空观念的认知度

总体上讲，教师问卷第3题"您对历史学科核心素养的了解程度"所统计到的了解的教师占74%。通过教师答卷可以看出，目前所有的被试历史教师对历史学科核心素养关注度大幅度上升，具体表现在教师问卷中有关历史学科核心素养的第4题的答案准确率比较高。对于本课题要研究的历史时空观念的第8题，被试教师认识明确，这也从侧面说明了历史时空观念在历史学科中的重要作用受到历史教师的重视。与得出以上结论相关的部分问题及调查结果如下列各题图所示。

教师卷第4题：您所了解的历史学科核心素养包括（多选，无固定答案，结果如图1-15所示）。

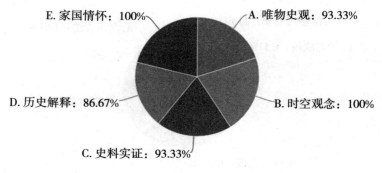

图1-15

教师卷第8题：您认为历史时空观念指的应该是（　　　）（多选，无固定答案，结果如图1-16所示）。

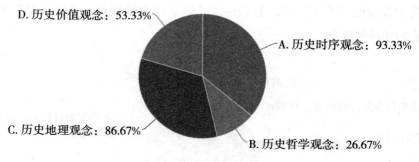

图1-16

发展学生的历史学科核心素养，能有效提高学生历史学科学习的水平，更好地服务历史学科的学科价值。那么，教师在教学中对历史学科核心素养的关注程度直接影响历史学科核心素养的落实。所以，本次调查意图通过学生卷7~8题的设计从侧面了解现阶段参与课题研究的历史教师对历史学科核心素养的关注程度。从调查结果可以看出，被试的大部分教师不仅关注学生的学习成绩，还能特别关注学生学习历史的态度及学习方法的指导，在教学中除了重视基础知识的落实以外，还特别注重学习能力的培养和解决问题方法的指导。由此可见，参与课题研究的绝大部分教师的教育理念和教学思想都有了很大提升。得出以上结论的问题及调查结果如下列各题图所示。

学生卷第7题：你的历史老师会特别关注学生的（　　　）（多选，无固定答案，结果如图1-17所示）。

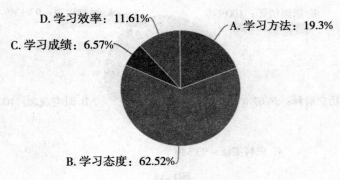

图1-17

学生卷第8题：你的历史老师在教学中比较注重（　　　）（多选，无固定答案，结果如图1-18所示）。

其中设置的"其他"项，答卷中涉及表达能力的培养、课堂氛围的调节以及作业的完成情况等。

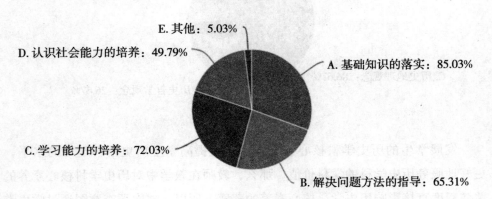

图1-18

2. 在日常教学过程中对历史时空观念的培养方式

时空观念是历史学科核心素养中重要的素养之一，"任何历史事物都是在特定的、具体的历史时间和地理条件下发生的。只有将史实置于历史进程的时空框架当中，才可能对史实有准确的理解。"培养学生的历史时空观念既符合义务教育历史课程标准的要求，又适应了当前新一轮教育改革的需要。以此为目标，历史教师要通过教学策略的研究，积极探索发展学生历史时空观念核心素养的路径和方法，通过培养学生历史时空观念核心素养，为学生历史学科学习奠基，为学生的终身发展奠基。因此，在此次调查问卷的教师卷和学生卷中都有相关内容直接和间接问题的设置。

从教师卷的统计数据上看，在培养学生时序观念的方式上，教师采用划分历史阶段并总结特征的教学策略。此外，表格梳理历史发展进程的方式有93.33%，另外有50%的教师采用了编制大事年表的方式。在"您认为培养学生历史空间观念比较有效的媒介"的问题的回答中，93.33%的被试教师认为是历史地图，100%的教师认为历史年代尺方式好，说明历史教师对于在落实培养学生历史时空观念过程中可利用的媒介是有共识的，说明被试教师在本课题关于发展初中生历史时空观核心素养教学策略的研究中摸索到了较好实践效果的教学方式。

学生卷11—15题设计的意图是通过学生的视角了解被试教师日常在培养学生时空观方面的教学策略。通过数据统计我们可以看到，选取做样本的学生认为大部分教师在日常教学中会关注到时空观念的培养，或与其他学科相联系，或利用有效的教学媒介采用较为高效的教学策略。教师教育理念更新及时，教学策略多样高效，在"历史课堂上，老师安排的学习活动形式一般是（多选题）"的问题答案中，我们看到"背诵提纲"这种最为传统的学习形式仍然占有很大比例，但"课堂讨论"（前测占比57.62%，后测占比61.38%）"设置情境"（前侧占比47.13%，后测占比51.64%）两种教学形式有了很大的提升。由此可见，新课改以来，历史课堂教学经历了从最初追求形式上的创新，到今天越来越意识到一堂真正有底蕴的历史课更应该在思想和内容上达到一个高度，才能给学生带来启悟。我们越来越期待历史课堂可以实现教学思想性与趣味性的和谐统一。在这种思想的主导下，我们的课题研究应尝试探寻一些既遵循新课程理念，也不回避客观存在的学业水平考试评价原则，又符合历史学科特点的优质教学策略，让我们的课堂既鲜活生动、意韵悠长，又经得起评价的考验。即我们既要做到对学生的终身发展负责，又要对学生当下的升学考试负责。

与得出以上结论相关的部分问题及调查结果如下列各题图所示。

学生卷第9题：你的历史老师将历史学科与其他学科相联系的情况（   ）（单选，无固定答案，结果如图1-19所示）。

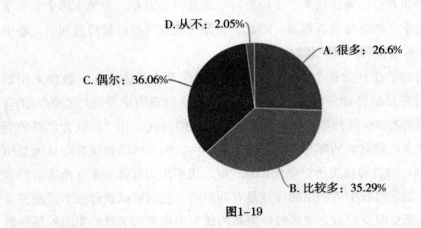

图1-19

学生卷第10题：如果有，联系较多的是（   ）（多选，无固定答案，结果如图1-20所示）。

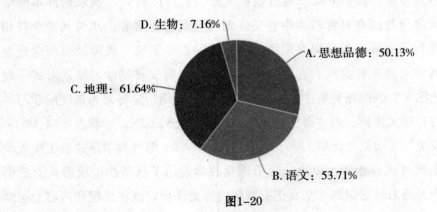

图1-20

学生卷第12题：为了强化对时间的记忆，你的历史老师常用的方法有（   ）（多选，无固定答案，结果如图1-21所示）。

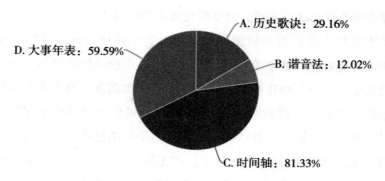

图1-21

学生卷第13题：你的历史老师在教学中使用地图配合历史教学的情况
（　　）（单选，无固定答案，结果如图1-22所示）。

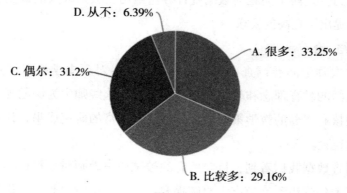

图1-22

学生卷第14题：历史教材配套的《历史图册》《历史填充图册》的使用情
况是（　　）（单选，无固定答案，结果如图1-23所示）。

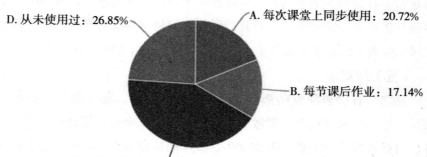

图1-23

3. 评价学生学科核心素养、时空观念水平的标准

从学生卷中，我们看到被试教师关注学生学科核心素养及时空观念的培养在教学中贯彻较好，如学生卷（7～8题）中看出被试教师更加关注学生的长远发展以及学习能力、协作探究的培养。通过此次调查，绝大多数学生对历史学科表示出"喜欢"，仅有1.02%的学生在"你对历史学科的态度"的问题中选择了"不喜欢"。同时，在"学习历史这门学科的过程中，你认为哪方面对你比较有意义（多选题）"的问题中，"拓展知识面""提高认识社会的能力""树立正确的人生观、价值观""考试得高分"的选项占比较高。由以上数据及信息可以看出，被试学生对历史学科的功用及价值认识比较深刻，他们很清楚自己希望通过历史学习得到的不仅是考试中的高分，还有终身学习和发展的必备能力。这两个问题的数据统计分析给历史教师极大的鼓励，同时对初中历史教师提出了更高的要求。

（四）结 论

通过此次师生问卷调查，我们看到被试学生对历史学科有了更清楚的认识，被测教师的教育理念和教学思想不断更新。这些师生为课题《发展初中生历史时空观核心素养的教学策略研究》提供了丰富的研究成果，让我们得到了很多可贵的经验。

通过调查数据我们看到，目前所有的被试历史教师对学科核心素养及历史学科核心素养的认识程度都有大幅度提升，对于历史时空观念认识明确，这与课题研究工作的进行不无关系。参与课题研究的绝大部分教师的教育理念和教学思想相对比较先进，他们不仅关注学生的学习成绩，也关注学生学习方法的指导和学习能力的培养，尝试多种教学策略，但被试教师最常用的教学方式依然会与理想有一定差距。面对新的形势，如何做到既对学生的终身发展负责，又对学生当下的升学考试负责，依然是我们不断努力的方向。

（五）结束语

总之，各种教学策略都有自己的特点、功能，都有适用范围和条件。培养学生的历史时空观念，对教学策略的运用应该全面、综合地考虑历史教学任务、目标和内容的需要，考虑学生、教师的特点和教学环境等诸多因素，或是进行有效的组合应用，以利于更好地搭建时空框架，勾连时空关系，分析时空尺度，促进学生的时空观念及其他历史学科核心素养的提升。

参考文献

［1］中华人民共和国教育部.全日制义务教育历史课程标准（2011年版）
　　　［M］.北京：北京师范大学出版社，2012.

［2］冯卫东.情境教学操作全手册.［M］.南京：江苏教育出版社，2010.

［3］黄牧航.历史新课程的教学如何帮助学生建立正确的时空观［J］.历史
　　　学习，2007（7）.

［4］吴伟.历史学科能力与历史素养［J］.历史教学（中学版），2012（11）.

［5］冯刚.历史核心素养之"时空观念"素养的培养途径初探［J］.启迪：教
　　　育教学版，2016（8）.

［6］曹大梅，张秋生.谈历史时空观念素养的考查与培养——以新课标全国
　　　卷历史试题为例［J］.中学历史教学，2016（6）.

［7］傅国兴.高中历史时空观念的培养目标及教学策略——以中国近代史的
　　　教学为例［J］.福建教育，2017（Z2）.

附录七　基于历史核心素养的教学设计体例参考模板

人教版×年级×册第×单元第×课
×××教学设计
——基于历史核心素养的教学设计体例

一、课前部分——教学准备

（一）教材分析

1.课标要求

2.地位作用

（二）学情分析

1.学习习惯

2.知识储备

3.思维特点

（三）素养类别与学习目标

表1-23　素养类别与学习目标表

素养类别	学习目标
时空观念	
史料实证	
历史解释	
唯物史观	
家国情怀	

（四）教学重点与难点

1. 重点：

2. 难点：

（五）教法与学法

二、课堂部分——教学实施

（一）创设情境，导入新课

设计思路：

（二）师生互动，学习新知

设计思路：

（三）课堂总结，梳理板书

设计思路：

（四）巩固提升，拓展延伸

设计思路：

备注：在以上教学环节中设计以下内容，并在设计思路中说明：

1. 搭建时空框架。

2. 勾连时空关系。

3. 分析时空尺度。

4. 发展时空观念教学策略的选择及实施。

三、课后部分——教学后记

1. 课后学生作业反馈。

2. 学生实践活动安排。

3. 教师课后教学反思。

附录八 初三学生历史学科时空观念测试试题（前测—2018 年 9 月）

各位同学：

本次测试是为了方便老师掌握同学们某一方面的历史学习情况，不列入考试成绩计算。请同学们务必独立、如实完成。每道选择题只有一个答案，请将个人信息和答案填涂在答题卡上。

1.（2015·四川广元）下列中国古代朝代顺序排列正确的一项是（   ）。

    A. 隋唐—秦汉—宋元—明清　　　B. 秦汉—隋唐—宋元—明清

    C. 宋元—隋唐—秦汉—明清　　　D. 明清—宋元—秦汉—隋唐

2.（2015·山东东营）学习历史，要注意时间概念。想想看，下列时间属于十九世纪八十年代的是（   ）。

    A. 1886年　　　　　　　　　　B. 1896年

    C. 1986年　　　　　　　　　　D. 1996年

3.（2016·浙江金华）下面是某历史兴趣小组绘制的知识简图，据此推断他们学习的主题是（   ）。

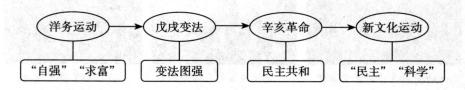

    A. 新体制的创立　　　　　　　B. 中国近代化的探索

    C. 工业革命的冲击　　　　　　D. 马克思主义的传播

4.（2015·浙江杭州）小明在复习《历史与社会》"中国抗日战争"一课时，利用年代尺梳理知识。他整理的这段历史，反映的最主要内容是（   ）。

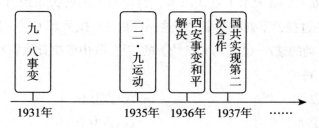

A. 日本全面侵华战争爆发　　B. 抗日民族统一战线的形成

C. 国民党正面战场的抗战　　D. 世界反法西斯同盟建立

5. （2016·湖南张家界）图示法是我们学习历史常用的一种方法，通过绘制一些简单的图示，可以使我们对历史事件在时间和空间上的联系与发展有更直观的了解。对下列图示解读最为准确的是（　　　　）。

《南京条约》 → 《马关条约》 → 《辛丑条约》

A. 中国民族工业艰难曲折的发展历程

B. 中国走出半殖民地半封建社会的过程

C. 中国沦为半殖民地半封建社会的过程

D. 中国新民主主义革命的发展历程

6. （2016·辽宁沈阳）将下列图片说明前的序号与相关历史事件前的字母符号连接，正确的一组是（　　　　）。

①开辟了中国历史新纪元，使中国真正成为独立自主的国家　　②被迫签订丧权辱国的《南京条约》，开始沦为半殖民地半封建社会　　③推翻了清朝统治，结束了封建帝制，使民主共和观念深入人心

a 鸦片战争　　　　b. 中华人民共和国成立　　　c. 辛亥革命

A. ①—a　②—b　③—c　　　B. ①—b　②—a　③—c

C. ①—c　②—a　③—b　　　D. ①—a　②—c　③—b

7. （2016·甘肃天水）近代以来，台湾与大陆的关系经历了分离——统一——分离的过程，下列哪些事件与这一过程有直接关系（　　　　）

①洋务运动的破产　②《马关条约》的签订　③中国抗日战争的胜利　④人民解放战争的胜利

A. ①②③　　　　　　　　　B. ②③④

C. ①②④　　　　　　　　　D. ①③④

附录九　对照班和实验班成绩统计数据（前测—2018年9月）

表1-24　成绩统计表

对照班前测成绩数据				实验班前测成绩数据			
学生	前测得分			学生	前测得分		
	7班	3班	7班		8班	4班	8班
1	13	15	12	1	11	14	9
2	14	21	27	2	12	9	22
3	20	19	18	3	19	18	21
4	9	24	24	4	15	12	18
5	23	9	22	5	15	9	15
6	8	27	18	6	9	22	18
7	26	12	15	7	21	9	15
8	20	21	22	8	18	22	24
9	15	18	24	9	9	15	18
10	22	24	18	10	12	24	15
11	27	21	27	11	22	24	22
12	22	24	22	12	22	21	22
13	16	15	18	13	15	21	9
14	19	24	21	14	24	15	15
15	22	21	24	15	15	18	9
16	24	21	18	16	22	18	12
17	19	18	9	17	24	12	9
18	22	18	15	18	12	24	12
19	23	24	22	19	21	15	18
20	19	15	18	20	18	21	15
21	15	24	22	21	12	18	15
22	19	18	24	22	15	12	22
23	24	21	9	23	22	24	9
24	27	18	21	24	24	18	15
25	18	21	15	25	18	21	9

对照班前测成绩数据				实验班前测成绩数据			
学生	前测得分			学生	前测得分		
	7班	3班	7班		8班	4班	8班
26	20	24	22	26	18	21	22
27	18	24	21	27	22	18	21
28	22	24	27	28	15	24	22
29	21	18	15	29	9	12	15
30	19	21	22	30	9	21	21
31	21	21	18	31	15	24	15
32	24	24	19	32	24	15	15
33	18	24	22	33	19	21	21
34	24	21	15	34	18	21	9
35	24	21	22	35	9	15	18
36	22	12	18	36	22	9	15
37	21	24	20	37	15	18	20
38	18	21	15	38	9	21	18
39	18	24	9	39	18	21	15
40	21	24	21	40	21	15	15
41	24	24	15	41	24	21	9
42	15	18	24	42	9	12	22
43	15	18	21	43	15	18	21
44	21	24	15	44	18	18	9
45	22	12	15	45	18	12	15
46	27	21	24	46	21	15	24
47	15	18		47	9	15	15
48	21	15		48	15	18	15
49	21	24		49	18	12	
50	25			50	22	15	
				51	15	21	
				52		18	

注：本次测试时间为2018年9月。总共发放试卷296份，其中对照班145人，实验班151人，收回有效试卷292份，占总数的98.65%。

附录十 对照班和实验班成绩统计数据（后测—2018年11月）

表1-25　成绩统计表

对照班前测成绩数据				实验班前测成绩数据			
学生	后测得分			学生	后测得分		
	7班	3班	7班		8班	4班	8班
1	11	9	8	1	11	11	11
2	11	11	9	2	11	11	11
3	9	8	11	3	11	11	9
4	5	11	8	4	9	8	9
5	9	8	5	5	9	11	9
6	11	9	9	6	11	3	11
7	8	5	11	7	11	11	9
8	8	6	9	8	11	9	11
9	11	11	9	9	11	11	11
10	9	11	8	10	11	11	9
11	5	8	5	11	9	11	9
12	9	8	11	12	9	11	11
13	11	8	11	13	11	11	11
14	8	9	11	14	11	11	9
15	8	8	9	15	11	11	9
16	5	8	5	16	9	11	8
17	9	11	5	17	11	6	8
18	9	11	9	18	11	11	11
19	9	8	11	19	11	11	9
20	11	5	8	20	9	11	9
21	8	11	5	21	9	9	11
22	8	9	9	22	11	11	9

学生	对照班前测成绩数据			学生	实验班前测成绩数据		
	后测得分				后测得分		
	7班	3班	7班		8班	4班	8班
23	11	8	9	23	8	11	9
24	5	11	8	24	9	11	11
25	9	6	8	25	11	9	11
26	6	9	9	26	11	8	5
27	9	11	8	27	11	11	9
28	5	8	5	28		11	
29	11	9	5	29		11	
30	8	8	5	30	9	11	9
31	8	11	5	31	9	11	8
32	8	8	6	32	9	11	11
33	9	8	9	33	11	11	11
34	9	11	9	34	11	11	11
35	9	11	9	35	11	11	9
36	11	8	8	36	11	11	9
37	11	11	8	37	9	11	11
38	11	11	11	38	9	11	9
39	5	11	11	39	9	11	11
40	5	8	5	40	8	9	11
41	6	9	9	41	9	11	9
42	8	8	6	42	8	11	8
43	6	11	8	43	11	11	9
44	5	11	11	44	9	11	11
45	11	11	9	45	11	9	8
46	11		9	46	9	8	11
47	11	11		47	8		11
48	5	8		48	9	8	9
49	9	11		49	8	11	

对照班前测成绩数据				实验班前测成绩数据			
学生	后测得分			学生	后测得分		
	7班	3班	7班		8班	4班	8班
50	6			50	11	8	
51				51	6	11	
52				52		8	
53		11		53			
54		8		54			
				55		8	
				56		11	
				57		8	
				58		8	

注：本次测试时间为2018年11月。总共发放试卷296份，其中对照班145人，实验班151人，收回有效试卷296份，占总数的100%。

学术论文

左图右史　察古知今

——论地图绘制在培养初中生历史时空观念中的作用

深圳市福田区翰林实验学校　李　念

《普通高中历史课程标准》（2017年版）中提出要着力培养学生的历史时空观念，并明确指出："时空观念是在特定的时间联系和空间联系中对事物进行观察、分析的意识和思维方式。任何历史事物都是在特定的、具体的时间和空间条件下发生的，只有在特定的时空框架当中，才可能对史事有准确的理解。"历史就其外在形式而言，是以人的活动和时间、空间的有机结合作为主要脉络来呈现的。简单地说，历史就是人在特定的时间和空间活动的记录。因此，在中学历史教学中尽可能地将与历史事件相对应的时间、空间概念，直观、全面、准确地展现给学生，无论对培养学生的历史时空观念还是对培养学生的思辨能力，都是很有意义的。

在目前的教学实际中，历史地图是向学生展示历史空间维度的一种常见方式，也是培养学生历史空间意识的一种主要途径。而学生自制历史地图既能培养学生学以致用的精神，又能帮助他们自如地将各种富有时代气息的历史信息在一个空间呈现出来，对培养学生的历史时空观念也很有帮助。

一、有助于学生更真实地解读历史

据说，美国前副总统理查德·切尼曾经开玩笑说，美国国家航空航天局（NASA）的地球夜间卫星地图给他提供的信息要超过美国中情局。

这句话虽然夸张，但事实上普通人还是能从地球夜间卫星地图上得到许多足以颠覆自己脑海中"固有概念"的一些信息，如各国经济实力的悬殊、全球区域发展的失衡、中印等新兴经济体的崛起、全球人口的分布等。"灯光"通常被认为是生活层面的元素,但当它与"夜间""全球"等时空元素结合后,以太空卫星地图这一高科技形式呈现出来,恰恰成了专业解读世界人口、经济、政治,甚至生态环境的有效手段。

同样道理,我们在历史教学中若能大胆地以增加特定时空元素的方式对常用的历史地图进行一些修正,可能会给学生带来一些更直观、全面和准确的历史信息。比如,有学生在学习"三国鼎立"这段历史时会产生疑惑:为何吴蜀两国加在一起比曹魏"更大",但当时的人们却认为吴蜀联盟对曹魏"守则有余,攻则不足"呢?如果我们指导学生在三国政区图上将东汉末年13州部、137个郡国人口数按10万、50万、100万等为单位以直径不同的圆点来标示,就会得出一幅东汉末年郡国人口对比图。如果我们再将人口密度较大的郡国连成片区就会得出东汉末年主要人口分布区域图。在当时的农耕状态下,人口数量是衡量一国综合国力的主要指标,因此学生可以从这些人口地图中更直观地感受到三国之间的实力对比,也更能准确地理解诸葛亮对时局"天下三分,益州疲弊"的判断。

因此,在教学中引导学生将主要衡量指标的数据导入相关历史地图中,会给学生带来许多全新的认识,有助于他们更深刻地理解相关的历史问题。比如,将辽国各地人口数据带入"辽、北宋、西夏形势图",会让学生更全面地思考"燕云十六州对辽国有多重要"这一问题;将埃及农田、水资源分布信息带入埃及政区图,会让学生更深刻地理解希罗多德"埃及是尼罗河的赠礼"这句话的含义;将祁连山北麓绿洲信息带入汉唐政治地图中,会让学生更直观地认识"河西走廊在内地和西域交往中的作用"等。

二、有助于引导学生多视角地审视历史

在制作这些地图时,学生会根据不同历史时期和不同文明区域的特征,选择不同的指标来进行比较,有助于培养他们从不同角度认识事物的态度,从而培养学生的多元意识。比如,在制作《美国领土扩张》地图时,我们将独立之初(1783)美国各州(包括阿巴拉契亚山以西居民点)人口数据带入美国地图中,形成《1783年美国各州人口对比图》所示。学生从该图中可以发现,当时绝大多数美国人(占当时400万美国人中的95%左右)居住在阿巴拉契亚山以东的13个州中,因此能更清楚地理解最早独立的13个州在美国的分量。但当我

们将平原分布比例带入该图就会发现,阿巴拉契亚山以西地区虽然当时人口稀少,但平原比例竟高达93%,平原面积接近原来13个州平原面积的1.5倍。阿巴拉契亚山东西两大区域纬度、气候类型都比较接近,更大的平原面积在很大程度上也意味着未来更大的发展潜力。事实上,随着美国西部的开发和人口的西迁,阿巴拉契亚山以西至密西西比河以东区域人口数量到南北战争前的1853年迅速增长,占全国人口的49%,仅密西根湖畔的芝加哥一城人口就接近100万之多,特别是当时实行资本主义工商业的"旧西北部"(包括今俄亥俄、印第安纳、伊利诺伊、密歇根、威斯康星诸州)人口增长大大快于主要从事奴隶制种植园的"旧西南部"(肯塔基、田纳西、亚拉巴马、密苏里、密西西比、阿肯色、路易斯安那诸州)地区,这种南北人口比例的差异使得主张废除奴隶制度的共和党总统候选人林肯在"没有拿到一张南方区域选举人票"的背景下成功当选,从而揭开了废奴运动的新篇章。

三、有助于学生认识历史发展的趋势

著名美学家朱光潜曾说:"过去史在我的现时思想活动中才能复苏,才获得它的历史性。所以一切历史都必是现时史……着重历史的现时性,其实就是着重历史与生活的连贯。"我们指导学生学习历史,目的是为了洞悉变迁规律,以求察古知今。在自制历史地图时,学生会选择不同的参照指标来改造原有的地图,在此过程中他们也能逐渐意识到随着时代的推移,改造历史地图所参照的相关指标也在发生某种有规律的演变。例如,在制作《魏蜀吴三国实力对比图》时,当时的中国处在典型的农业经济时代,人口数量、耕地面积等因素在国力比较中更具有决定性意义。但在制作一战前《三国同盟和三国协约力量对比图》时,欧洲已经经历了两场工业革命,是典型的电气化工业时代,衡量各国国力水平主要应当参照钢铁产量、发电量、铁路长度等指标。如一战前德、俄两国从面积、人口、耕地、粮食产量等数据来比对,如表2-1所示。

表2-1 两国数据对比表

	面积	人口	粮食产量	军队数量
俄国	2 280万km^2	1.75亿	8 700万吨	135万
德国	54万km^2	0.67亿	1 580万吨	89万

德国是第二次工业革命的两个主要领导国之一，作为当时欧洲第一、世界第二大工业国家，其综合国力显然是大大超过被列宁称为帝国主义链条中"最薄弱的环节"的沙皇俄国的。但此表中俄国的几个数据都大大高于德国，显然难以准确体现一战前俄德两国之间的实力差距。而如果我们用钢产量、国民收入、战舰吨位和所占世界工业生产份额等指标去衡量，就会得出与上表完全不同的结论，如表2-2所示。

表2-2 两国数据对比表

	钢产量	国民收入	战舰吨位	占世界工业生产份额
俄国	480万吨	70亿美元	67.9万吨	8.2%
德国	1 760万吨	120亿美元	130.5万吨	14.8%

可见，在农业经济时代，衡量一个国家国力强弱的主要指标是农田面积、人口数量等与农业生产相关的指标，但到了工业时代则变成了钢、煤、电力等与工业生产相关的指标。以此类推，在当今知识经济时代，如果我们比较一些国家的实力差距，应当从教育水平、科研力量、开放精神、法治程度等指标去衡量。这种变化背后所体现出来的恰恰是人类社会由农业经济、工业经济向知识经济发展的趋势。

四、有助于促进学生各学科知识的联系和自主探究精神的培养

学生自制历史地图除了需要对相关的历史、地理知识进行紧密联系之外，还涉及逻辑学、统计学等不同学科的知识与能力，因而有助于学生在学习中综合运用不同学科的手段，促进他们各学科知识的联系。学生在构思一幅全新的历史地图时，他的脑海中所展现的必然是一幅与通常地图完全不一样的时空场景，这有助于培养他们从不同视角看待事物的精神，也有助于培养他们自主探究的精神。

综上所述，在中学历史课堂上鼓励和指导学生动手制作各类历史地图，无论是对学科知识的巩固还是对学科能力的培养都很有益处，是一种自主学习和研究历史的好方法，也是创新历史教学的好手段。

（本文发表于《中学历史教学》2018年第8期）

参考文献

［1］中华人民共和国教育部.普通高中历史课程标准（2017年版）［S］.北京：人民教育出版社，2017.

［2］邹云涛.试论三国时期南北均势的形成及其破坏［A］.中国魏晋南北朝史学会成立大会暨首届学术讨论会论文集，1984.

［3］周卓.多元史观在中学历史教育中的运用与反思［D］.长沙：湖南师范大学，2014.

［4］王毅.美国简史［M］.合肥：安徽人民出版社，2013.

［5］陈奕平.人口变迁与当代美国社会［M］.北京：世界知识出版社，2006.

浅谈发展初中生历史时空观核心素养的教学策略

深圳市福田区翰林实验学校 张婷婷

历史核心素养是学生在学习历史过程中逐渐形成的具有历史学科特征的必备品格和关键能力，时空观则是历史核心素养的第一要素。时空观是指在特定的时间联系和空间联系中对事物进行观察、分析的观念。时间和空间就好比一张交错的经纬网，历史上的事件、人物都有据可查。现有的历史教学存在课时少、内容庞杂、识记任务重、易混淆等诸多困难，但建立时空观念则对认知历史现象、历史趋势、评价历史事件及人物、构建历史联系非常有利。所以，摆在教师面前的首要任务便是培养学生的历史时空观念，拓宽学生的历史视野。

在有限的课时条件下，利用新课讲授、试题讲解、要点复习等时间，有意识地进行时空观念渗透，无形间培养学生的时空观。笔者结合教学实践，总结出三种较为简便的方法。

一、历史时间轴法

时空观念注重在特定时间联系中理解和解读历史，任何历史事件所发生的时间都是不可逆转的。初中阶段学生的思维特点决定教师在进行历史教学时，梳理教学内容的方式要直观清晰。历史时间轴就是一个非常适合的历史教学策略，能够将人物、组织或重要的历史事件以年代、时期进行排列，形成一套完整的记录体系，其最大的作用就是把历史知识系统化、完整化和精确化，能多视角、多层次、多类型、多形式地提供历史学习的空间，培养学生探究历史问题的能力。例如，中国近代史过程曲折，知识庞杂，如果以历史时间轴法则简单明了，如图2-1所示。

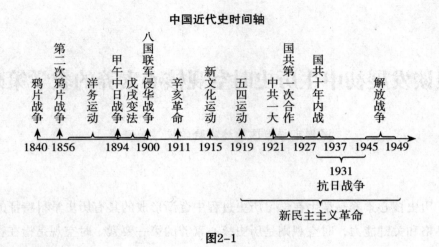

图2-1

二、历史大事年表法

时空观念还突出表现在大时代背景下或长时段的视角中历史的变化。虽然历史时间轴法更为直观、形象，但它受制于时间、材料等因素，不可能无限延长，所以在大跨度的时间范围内，大事年表法更加适用。顾名思义，历史大事年表法就是用表格来呈现大时代背景下或一段时间内所发生的重要历史事件的方法。尤其是对中西方各历史时期历史事件进行比较时，好处更是显而易见。例如，在复习"17—18世纪中西方对比"时，就可以用如下历史大事年表法。

表2-3

事 项	中 国	西 方
经济	自给自足的自然经济	资本主义经济、工业革命
政治	专制皇权	资产阶级革命、资本主义政体
思想文化	八股取士	启蒙运动
外交	闭关锁国	殖民扩张

时间与空间的交错使学生必须在繁杂的历史知识中搜索和锁定目标。在这个过程中，一方面学生对已学过的内容进行了一遍知识梳理，另一方面学生在以时间或者空间为基点对相关知识进行匹配时，也是在对时空观进行培养和塑造。

三、历史地图法

历史学与地理学联系紧密，一直有着"史地不分家"的说法。每册历史教科书都配有相应的历史地图册、历史填充图册，画质清晰，且紧密贴合课时内容，是培养学生时空观的重要工具书。例如，在部编版九年级上册《古代亚非文明》中，使用亚非地图展示了世界早期文明的中心，学生可以直观构建空间，明确了解早期文明产生地点及中外的地缘关系；在《探寻新航路》中，利用世界地图，学生能更加深刻地了解西班牙、葡萄牙首先进行新航路探寻的原因，及早期殖民掠夺的轨迹对当今亚非拉地区的影响。同时，可以让学生自制地图，既能培养学生学以致用的精神，又能帮助他们自如地将各种富有时代气息的历史信息在一个空间内呈现出来，对培养学生的历史时空观念很有帮助。

实践出真知。笔者对历史时空观念的思考也许还拘泥于当下，但只要不断思考、不断交流、不断实践、不断总结、总会得出真知。

参考文献

中华人民共和国教育部.普通高中历史课程标准（2017年版）〔S〕.北京：人民教育出版社，2017.

延展分析时空尺度　审视澳台港问题

——发展初中生历史时空观念的教学策略

深圳市福田区上沙中学　段昆伦

2018年9月19日上午，广东省陈昔安名师工作室7位培养对象、6位跟岗教师经过工作室专题培训后，在深圳市福田区翰林实验学校进行主题式说课比赛。根据陈向辉老师的示范说课和陈昔安主任的培训要求，并研读工作室课题《发展初中生历史时空观核心素养教学策略研究》的主旨，笔者选取人教版《中国历史》八年级下册第四单元第13～14课，准备了《祖国统一》的基于培养学生历史时空观念的教学策略主题式说课。现选取部分教学设计和教学反思，与同仁分享，敬请批评指正。

一、右史，激趣导入，搭建时空框架

叶小兵指出："历史的时空观念是指历史时序观念和历史地理观念。任何历史事物都是在特定的、具体的历史时间和地理条件下发生的。只有将史事置于历史进程的时空框架当中，才能显示出它们存在的意义。历史学科的知识是构建在历史时空基础上的，对历史的认识必须从时空观念的角度出发。"

在以往的备课中，通常用《七子之歌——澳门》的视频（教材中呈现的是闻一多先生的诗词）来凝神聚气，但经学习叶小兵的报告和名师工作室的培训，笔者认为这样处理对学生学习历史来说有水过鸭背之嫌，不如借助历史地图和七个地区回归或尚未回归祖国母亲怀抱的时序，引发学生思考并回答相关问题的"左图右史"策略，学生的学习可能会更有效些。

因此，笔者设计了课件导入新课，既引起学生聚精会神地观察思考，又呈现了本节课的脉络，收到较好效果。

二、学生自主学习，展示课前自主完成的表格，勾连时空关系

港澳台与祖国母亲分离的史实散见于教材的不同时段，且内容较多。在设计表格时，学生只需要理解对于厘清脉络有用的内容，并直接呈现出来。需要学生掌握的史实精简为12个问题，以保证在较短的时间内学生能完成任务，然后共享大家的成果。

表2-4

	与祖国分离的时间	分离及台湾收复的史实	条　约
澳门	1553年	葡萄牙人借口暴晒水浸货物，强行进入澳门	
	1557年	贿赂官员，取得在澳门的定居权	
	1887年	强行把澳门划归葡萄牙	《中葡会议草约》《中葡北京条约》
台湾	1624年	荷兰占领台湾	
	1661年	郑成功收复台湾	
	1895年	日本割占台湾	《马关条约》
	1945年	抗日战争胜利，中国收复台湾主权	
	1949年	国民党在大陆失利，退守台湾	
香港	1842年	英国割占香港岛	《南京条约》
	1860年	割占九龙司地方一区	《北京条约》
	1898年	强租新界99年（至1997年6月30日期满）	《展拓香港界址专条》

在完成表格后，请学生注意，1553年葡萄牙人强行进入澳门、1624年荷兰占领台湾、1842年英国割占香港岛，提示学生悟出表格设计的用意：约定俗成的港澳台问题，按离开祖国母亲怀抱的历史时序应为澳台港。了解其与列强先后崛起的关系，学会找规律，进而生疑：三国殖民者以及后来居上的日本凭什么先后入侵中国？

由于初二学生还没有接触世界史，在对学生可贵的质疑精神充分肯定后，教师适时给予学法指导，补充相关知识，解惑释疑，并提醒学生注意1898年英国强租新界99年，至1997年6月30日期满的时间节点，为后面了解1997年7月1日香港回归做好铺垫。

学法归纳：表格中的内在联系和知识梳理

1.按三地离开母亲的怀抱的先后排序；

2.隐含葡萄牙（16世纪，最早的殖民扩张者之一）、荷兰（17世纪，海上马车夫）、英国（18世纪，世界霸主）、日本（19世纪，亚洲第一个完成工业化的国家）先后侵略中国的主线；

3.英国强租新界99年，至1997年6月30日期满，是香港回归的谈判依据。

图2-2

三、引入涉港澳回归的中英、中葡建交历程的前奏史料以及涉台的《中美联合公报》内容，延展分析时空尺度，培养论从史出的核心素养

习近平总书记明确指出，改革开放前和改革开放后这两个历史时期，"本质上都是我们党领导人民进行社会主义建设的实践探索"。改革开放前的社会主义实践探索为改革开放后的实践探索积累了重要的思想、物质、制度条件和正反两方面经验，改革开放后的社会主义实践探索是对改革开放前实践探索在新的历史条件下的坚持、改革和发展。历史是连续的、生动的、丰富的、发展着的客观进程，既不能割断也不能虚无，事实上也割断不了、虚无不掉。

正确看待改革开放前后两个三十年的关系，要形成"两个不能否定"的共识，也就是习近平总书记强调的要形成"不能用改革开放后的历史时期否定改革开放前的历史时期，也不能用改革开放前的历史时期否定改革开放后的历史时期"的共识。"在这个大是大非问题上，我们要有十分清醒而坚定的认识。"（《习近平总书记系列重要讲话读本》）

受此启发，笔者在处理教材时引入了港澳回归的前奏史料，同时把两岸关系的发展纳入"一国两制"的成功实践中来，以培养学生论从史出的核心素养。

（一）港澳回归原因辨析

历史是一门注重逻辑推理和严密论证的实证性人文社会学科。对历史的探究是以求真、求实为目标，以史料为依据，通过对史料的辨析，将符合史实的材料作为证据，进而形成对历史的正确、客观的认识。对史料的研习与运用，

既是历史学习与研究的重要方法，也是解释历史和评判历史的重要能力体现。

教材出于编排的限制，不可能提供太多的史料。港澳回归按时序放在改革开放后，邓小平"一国两制"伟大构想提出的节点来讲是合理的，得出"改革开放后中国综合国力提升，国际地位提高，港澳得以回归"的结论也符合逻辑，但不全面。因此，笔者补充了三则资料，就是想让学生了解，中华人民共和国成立后，中英两国政府就已经以香港为两国联系的桥梁进行了长期的谈判，并随国际形势的变化全面建交，而葡萄牙则宣布放弃殖民主义，公开承认澳门主权属于中国，这些双赢的国际关系为港澳的回归做了充分的铺垫。

拓展1：香港是联系中英两国的桥梁

英国首相希思的对华政策意在实现中英关系正常化，维护香港的和平与繁荣，增加英国在中国的市场份额。1971年4月，英国外交部远东司司长在英国外交部会议上曾说："我们与中国的关系，比与西欧国家的关系更重要。因为香港的地位很关键，我们与北京政府关系越融洽，处理香港问题就越容易。"

中英两国在维持香港的稳定方面有共同目标。香港是远东主要的国际贸易港，是英国皇家海军远东舰队的重要基地和英国远东战略战线的核心。英国希望缓和与北京政府的关系，保证英国在香港的商业利益不受损害。而中国要在时机成熟时收复香港，恢复对香港行使主权，就要与英国打交道。对中国方面来说，升格中英外交关系，与英国建立良好的联系同样是必要的。

图2-3

拓展2：香港回归的前奏

中英全面建交谈判历时22年

从1950年英国承认中华人民共和国到1972年中英建立大使级外交关系，中英全面建交谈判持续了22年。两国谈判的重点是联合国席位问题和台湾问题，在中英谈判接近完成时，美国总统尼克松突然宣布访华计划，抢占了西方大国缓和对华关系的先机。中国恢复联合国合法席位后，中英谈判条件随之变化，经历漫长的协商后，两国最终升格为大使级外交关系。1972年中英全面建交成为中英关系发展的里程碑。

图2-4

拓展3：中葡建交历程

1974年，葡萄牙政府宣布放弃殖民主义，公开承认澳门主权属于中国，并于1976年颁布了《澳门组织章程》，成立澳门立法议会，修订各项法律；在经济上加强吸引外资，推进工业多元化与都市化计划。葡萄牙新政权政策的转变，促进了澳门的安定与繁荣，也促进了中葡关系的发展。1975年1月，葡萄牙宣布同台湾国民党政权断交，为中葡建交奠定了基础。

1976年，葡萄牙总统恩尼斯在出席联合国大会期间，与当时中国驻联合国代表黄华就中葡建交与澳门问题进行了交谈。经过两年多的洽商，1979年2月，中葡双方在澳门地位问题上达成秘密协议。2月8日，葡萄牙国与中国在巴黎正式交换《建交公报》，解决了两国之间一直悬而未决的建交问题。

关于收回澳门的时间，曾有过早于香港、与香港同时、晚于香港三种考虑，但最晚也须在20世纪末收回。葡方提出1999年12月31日，我方考虑到圣诞节，提到20日。

图2-5

◎ 我们为什么能收回香港和澳门？

1. 香港、澳门自古以来是中国的神圣领土；（史实）
2. 全国人民渴望统一，"一国两制"切实可行；（愿望、构想）
3. 中华人民共和国成立后外交事业的奠基，特别是改革开放以来，中国综合国力增强，国际地位提高（根本原因——党和政府一以贯之的努力）。

图2-6

中国和平崛起，做负责任的大国，莘莘学子既要有爱国情怀，也要有国际规则意识。因此，笔者在学生归纳了收回香港和澳门的原因的基础上，进一步厘清了三个原因的层次，特别强调了中华人民共和国成立后外交事业的奠基作用，改革开放前后三十年既有拨乱反正的纠偏，也有一脉相承的发展。

（二）海峡两岸关系的发展亦是"一国两制"伟大构想的成功实践

教材的分课时编排，容易让人记住港澳回归是"一国两制"伟大构想的成功实践，而忽视对两岸关系发展的促进作用。按照"用教材而不是教教材"的理念，教师应将此项内容整合起来，才符合台湾虽未回归祖国怀抱实现团圆，但也不是全"缺"，两岸关系越来越紧密，特别是"习马会"迈出了积极的一步。

梳理："一国两制"提出后海峡两岸关系的发展成效

1987年	台湾调整"三不"（不接触、不谈判、不妥协）政策——历史性的变化
1990年	海基会成立（台湾 辜振甫）
1991年	海协会成立（大陆 汪道涵）
1992年	"九二共识"——海峡两岸均坚持一个中国原则
1993年	汪辜会谈（新加坡）——将"加强两岸经济交流，互补互利"写入协议，迈出了历史性的重要一步
1995年	江泽民"八项主张"——指导思想（努力争取和平统一，但不承诺放弃使用武力）

图2-7

（三）台湾问题的不利因素和有利因素分析

在新课程标准下，教材不仅是师生之间共同对话的文本，还是一个开放的系统。过去教师的教学用书神圣不可改动，教师以教为本。现在新教材只是一种重要的教学资源，是教师进行教学、学生进行学习的重要载体，教学既要以教材为依据，又不能照本宣科，要"用教材而不是教教材"。因此，笔者在备课时选取解决台湾问题不利和有利因素的主题，提供背景材料，开发课程资源，鼓励学生学会思考、善于思考。

解决台湾问题的不利因素和有利因素，教师只有适当地补充相关的史料，创设一定的情境，学生才能有直观、感性的认识，并通过积极的思维活动，归纳出不利和有利因素。通常历史教师容易直接给出结论，让学生作为知识点记背，师生都轻松了，但抽掉了学生思维训练的梯子，学生失去探究的机会，当遇到新情境、新材料时，学生往往无从下手，或把开放题舍弃或答得不规范。对此，笔者利用创新材料分析题的经验，补充了史料，设计了任务，给学生提供探究的机会。

1. 补充史料：台湾地区领导人的言行、改善中美关系时双方的分歧

简单介绍自李登辉、陈水扁、马英九、蔡英文等各自对两岸关系的主张，并提供《中美联合公报》的相关内容：

中国：重申台湾是中国的一个省，解放台湾是中国的内政，中华人民共和国是中国的唯一合法政府，全部美国武装力量必须从台湾撤走，中国反对"两个中国"。

美国：美国认识到在台湾海峡两岸的所有中国人都认为只有一个中国，台湾是中国的一部分。美国确认从台湾撤出全部美国武装力量和军事设施的最终目标。

2. 归纳解决台湾问题的不利因素

有了上述背景史料的补充，学生才能归纳出解决台湾问题的不利因素，达成教师预设的"岛内的台独势力分裂行为、国际反华势力阻挠"的教学目标。

3. 选取时政材料，归纳祖国统一的有利因素

材料一：日本内阁府2011年2月14日上午发布的经济数据显示，日本2010年名义GDP总值约为5.474万亿美元，低于中国同年的5.879万亿美元。中国已正式超过日本，成为仅次于美国的全球第二大经济体。

材料二：2015年11月7日下午3点，两岸领导人习近平与马英九在新加坡香格里拉酒店会面，进行"世纪之握"的动作。这是1949年以来两岸最高领导人的首次直接会面。会面使用两岸领导人的身份和名义，互称"先生"。这是在两岸政治分歧尚未彻底解决的情况下，按照一个中国原则做出的务实安排，也体现了双方搁置争议、相互尊重的精神。这历史性的一握，冲破了两岸交流形式的最后束缚，翻开了两岸关系历史性的一页。

材料三：2016年5月21日，BBC中文网解析蔡英文就职演说：从"两国"到"两岸"。从字面来看，如果蔡英文起草了"两国论"，她的就职演说却是直接以"两岸"来称呼台湾与大陆的关系，民进党籍台湾地区立法机构的苏嘉全说，这是尽量释放善意，但北京是否会将之与其他的表态看作是善意呢？

材料四：《香港大公报》2015年12月31日文章：大陆对台政策细腻务实、"双管齐下"。回顾2015年，两岸交流热络不绝、成果丰硕。一是高层互动频繁，"习马会""习朱会""习连会"让人目不暇接，有助于进一步加强两岸政治互信，减少误判；二是基层受惠面扩大，登陆免签注、大陆进一步放宽台胞个体户的限制、福建向金门供水工程启动、增加大陆旅客赴台自由行试点城市等，给两岸同胞带来了极大的便利。

四则材料选材鲜活，主旨明晰，便于学生提炼出恰当概括的观点，富有挑战性，这是课标的要求，也是应对中考的利器，需要师生在平时的教学中修炼。

四、教学反思

这节专题课课容量太大，驾驭史料、内容取舍心余力绌，需要不断探索和践行。这节专题课的设计，学习主体是学生，同时有广东省陈昔安名师工作室的同行，一起组成了学习共同体。除了师生共同完成本专题的学习外，还要呈现笔者的课改探索，尝试在一节课中体现"时空观念、史料实证、历史解释、唯物史观、家国情怀"五个维度的历史核心素养，和同行们一起切磋研磨，以期抛砖引玉。在以后的教学中，笔者将继续借助陈昔安老师的指导和工作室同仁们的智慧，打造深蕴课改理念、探骊得珠、流静渊深的历史课堂，更好地培养学生历史学科核心素养。

📑 参考文献

中共中央宣传部.习近平总书记系列重要讲话读本（2016年版）[M].北京：学习出版社、人民出版社，2016.

初一学生历史核心素养历史时空观念的培养策略

——以部编版七年级中国古代史为例

深圳市龙岗区外国语学校　葛秀伟

一、历史核心素养——历史时空观念的内涵

国家普通高中历史课标研制组重新对课程标准进行改革，在《义务教育历史课程标准》（2011年版）、《普通高中历史课程标准（实验）》等文件的基础上进行整合，提出了培养学生"历史学科核心素养"的要求。历史学科核心素养包含五个维度，即唯物史观、时空观念、史料实证、历史解释、家国情怀。

《普通高中历史课程标准（实验）》对历史时空观念的培养目标做了如下表述："时空观念是指对事物与特定时间及空间的联系进行观察、分析的观念。通过本课程的学习，学生能够知道特定的史事是与特定的时间和空间相联系的；能够知道分割历史时间与空间的多种方式，并能运用这些方式叙述过去；能够按照时间顺序和空间要素，构建历史事件、人物、现象之间的相互关联；能够在不同的时空框架下理解历史上的变化与延续、统一与多样、局部与整体，并据此对史事做出合理的解释；在认识现实社会时，能够将认识的对象置于具体的时空条件下进行考察。"

二、培养学生历史时空观念的重要性

1. 培养符合时代要求的人才

当代社会是一个人才竞争激烈的时代，人才的培养受到了国家和社会广泛的关注，国民核心素养的培养目标被提上日程。近年来，培养学生"历史学科核心素养"的要求，正是在这种背景下提出的。

2. 历史的学科特点所决定的

时空观念对于学生，特别是七年级刚刚接触历史这门学科的学生意义重大。任何的历史事件都是发生在特定的历史时间和历史空间，时空观念的培养有利于帮助学生掌握正确的历史学习方法。

3. 培养学生跨学科思考和解决问题的能力

历史学科是一门综合性很强的学科，涉及政治、经济、文化、军事等方面，同时在学生学习时需要调动语文、地理等知识，培养学生的历史时空观念，将历史人物和事件放在具体的时间和空间进行分析，有利于培养学生跨学科思考和解决问题的能力。

三、培养学生历史时空观念的策略

1. 利用历史专有名词、时间轴、历史大事年表、朝代歌

七年级的学生刚刚接触历史这门学科，首先需要掌握历史时间的多种表达方式。例如，需要掌握一些历史专有名词和历史分期方式，以此来梳理历史发展的脉络。中国古代史按照使用工具的不同划分为石器时代、青铜时代和铁器时代，其中石器时代又分为旧石器时代和新石器时代；按照社会性质不同划分为原始社会、奴隶社会和封建社会。另外，学生还需要掌握不同时代的特征。例如，夏商周是我国早期国家产生的时期，秦汉时期是我国统一多民族国家建立和巩固的时期，隋唐是我国封建社会的鼎盛时期，以此来对中国古代史某个时间段有一个宏观的认识。

七年级课本在表述历史时间时使用公元前、公元这些时间表达方式，但是课本当中对于公元纪年法却只字未提。在实际教学中，历史教师应该专门针对公元纪年法进行系统教学，在讲解公元纪年法的同时可以结合历史时间轴，重点讲解公元纪年法中公元前和公元后的区别。历史时间轴中公元元年是公元一年，没有公元零年这一说法。世纪和年代如何换算，世纪初世纪末如何规定，其中对于七年级学生来说最难的应该是历史相隔时间问题，特别是公元前、公元后的计算问题，突破这个历史教学难点，利用历史时间轴是最好的办法。另外需要在教学中补充中国古代特有的纪年方式，如年号纪年法、天干地支纪年法等。

七年级学生对历史学习有很大的兴趣，但是历史时间的记忆对于学生来说

还是比较困难的。在教学过程中，教师可以引导学生利用历史大事年表、朝代歌、历史口诀等方式化解这个难点。例如，蜀国建立的时间是公元221年，秦始皇统一六国的时间恰好是公元前221年，学生可以把这两个历史时间放在一起记忆。通过这样的一些记忆技巧，学生在记忆历史时间方面就能轻松很多，而记忆相关的历史时间是培养学生历史时空观念最基本的要求。

中国古代史朝代歌

夏商与西周，东周分两段，

春秋和战国，一统秦两汉，

三分魏蜀吴，两晋前后延，

南北朝并立，隋唐五代传，

宋元明清后，王朝至此完。

2. 利用历史地图

历史总是发生在特定的时间和空间中，时间是历史发展的轨迹，空间是人类开展活动的历史平台。历史地图通常被用来"表示人类在不同历史时期、不同地域空间下的发展状况，能对历史事件的地点、空间联系及地理环境提供丰富的信息"，可以简明直观地反映时代的历史变迁，帮助学生构建一个动态发展的时空格局。

历史教科书是学生学习的重要工具，历史教师在教学中应该充分挖掘历史教科书，特别是历史地图资源，引导学生掌握识读历史地图的方法。例如在讲解《春秋战国形势图》时，指导学生阅读中国古代历史地图应关注哪几个方面，如地图名称、图例和古今地名对照等。同时，充分地利用历史地图册和历史填充图册，丰富课本知识，形成全面完整的时空观念。中国古代史当中涉及一些地理专有名词，如中原地区、西域、河西走廊地区、黄河流域、长江流域、江南地区、南北方、东西方等。由于七年级学生刚刚开始接触地理学科，对这些地区没有空间概念，所以在讲解相关历史知识时，历史教师有必要进行相关地理知识的补充和拓展。

3. 利用图示法

历史图示是"用符号的形状、大小、位置、方向、色彩的变化，使历史知识教学处于一个形象的动态演进过程中，从而调动大脑两半球皮层细胞的活动积极性，使得难教难学的历史知识变得既形象又直观，既简约又有序"。培养学生的历史时空观念，可以借助图示。

首先，制作历史时间轴图示结构。以课本某一时间段为对象，将发生在此时间段内的重大历史事件依次排列，不仅能展示历史发展脉络，帮助学生梳理知识体系，还能直观反映各个历史事件之间的相互联系。例如，梳理部编版七上第一单元史前时期涉及几个古人类，可以引导学生将元谋人、北京人、山顶洞人、河姆渡人和半坡人标注在历史时间轴图示上。其次，利用图示表示历史空间范围，例如秦朝疆域四至图、魏蜀吴三国鼎立形势图等。教师还可以引导学生自主设计历史图示。学生绘制图示的过程，时空框架就在脑海里建立起来了。

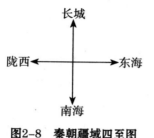

图2-8　秦朝疆域四至图

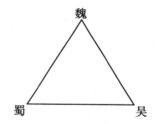

图2-9　三国鼎立形势图

4. 利用情境教学法

情境教学能对中学生历史时空观念的培养起到一定作用。教师为学生提供体验的情境，学生在体验的过程中感知时空特点，从而获得真实的、生动的直观经验，实现新知识和旧知识的融合与互动。情境教学可以采取排练历史话剧、教师描述历史情境、多媒体技术还原历史情境等方式来开展。

例如在学习商鞅变法这一知识时，商鞅变法的内容和作用是重点和难点，笔者采取了情境教学法，将全班分为四大组，分别代表新兴地主阶级、农民、旧贵族和士兵四个不同的阶层，要求学生从所代表的阶层利益出发，思考商鞅变法内容中哪一条对所在的阶层最有利或者最不利，并说明理由。学生很快分析出废除井田制、允许土地自由买卖对新兴地主阶级最有利，废除贵族的世袭特权对旧贵族最不利，奖励军功对士兵最有利，鼓励耕织对农民最有利，这样的情景教学法不仅使得课堂气氛活跃，同时解决了本课的难点和重点。

七年级学生历史核心素养内容共分为五个维度，历史时空观念作为历史核心素养的重要组成部分，对于七年级学生掌握学习历史的基本方法非常重要。本文从历史时空观念的内涵、重要性和培养策略进行探讨，虽然不全面，但希望可以和各位初中历史教师共同学习。

参考文献

[1] 刘军.历史教学的新视野 [M].北京：高等教育出版社，2003.

[2] 赵恒烈.历史思维能力研究 [M].北京：人民教育出版社，1998.

[3] 傅国兴.高中历史时空观念的培养目标及教学策略——以中国近代史的教学为例 [J].福建教育，2017（Z2）.

基于学情培养七年级学生的历史时空观念

——以统编版七上《夏商周的更替》一课为例

深圳市福田区明德实验学校 付华敏

根据《普通高中历史课程标准》（2017年版），时空观念是在特定的时间联系和空间联系中对事物进行观察、分析的意识和思维方式。任何历史事件都是在特定的、具体的时间和空间条件下发生的，只有在特定的时空框架当中，才能对史事有准确的理解。学业质量水平2是高中毕业生历史学科应该达到的合格要求，即时空观念的水平2是高中毕业生的最低要求。因此，对于刚进入初中接触历史学科的七年级学生来说，掌握水平1～2乃至3～4程度的时空观念是一个漫长而又艰难的过程。无论是时空观念还是其他历史学科核心素养的培养，都必须基于初中生的历史学情，一切从实际出发。某位一线教师从表达历史时序、历史地理空间和时空结合理解历史三个角度设计了调查问卷，从调查结果得知当前初中生"时空观念"核心素养普遍欠缺，很大程度由初中生的学情所限。

七年级学生历史学习的基本学情是：基础知识薄弱、零散，但历史学习兴趣较大；历史方法掌握较少，但好奇心、探究动力较强；抽象思维水平较低，但直观形象思维活跃；语文、地理学科提供的知识不能满足历史教学的地图和史料阅读需要，但在稳定增长；认知水平较低，学习习惯有待养成，但可塑性强，改进空间大。基于笔者施教的七年级具体历史学情，下面以统编版七上第4课《夏商周的更替》一课为例，谈谈在时空观念培养方面的困境与对策。

一、从零出发，培养学生运用地图和时间轴

时空观念的逐渐形成，离不开对地图和时间轴的运用，历史学科的学习需要有一定的地理学科基础和数学思维。七年级学生刚开始学习地理，而且是

从世界地理开始学习，不利于中国历史的学习。所以，在运用地图时必须尽量简单，并跟学生讲清认识历史地图的基本方法，带领学生熟识中国地图的基本轮廓和主要地形地貌。在运用时间轴的方法教学时，学生认识到历史在向前发展是基本前提，因此只有一条向前的数轴，而某个具体史事是时间轴上的一个点，某段历史时期是时间轴上的一个线段，历史时期的更迭形成了历史发展的轨迹。学生须掌握不同时期的地图变迁和时间轴上此起彼伏的基本史事，才能理解"特定的史事是与特定的时间和空间相联系的"。

夏商周是我国国家产生和发展的重要时期，部编版七上第4课《夏商周的更替》承上启下，信息容量非常大，历史时间跨度很长，既是第二单元的总括，也是线索梳理、建立时空观念的关键一课。导入后第一步是从空间上认识到夏商周势力范围的变迁，通过三幅形势图的动画使学生知道自古以来中国地图的基本轮廓，认识到从夏到商到西周势力范围逐渐扩大，为西周分封制的背景理解奠定基础。也形成基本的空间观念，随着历史发展，疆域会发生变化，和周边少数民族的关系也会不同。空间观念就是要了解历史所发生的地点、区域、范围等，这涉及历史上人类活动的场所和舞台，从而发现错综复杂的历史现象本身存在的横向或纵向的联系，以及个别与整体、局部与全局的联系。

学案是帮助学生梳理史事脉络、培养学生自主学习能力的教学方法，在课堂容量大时尤为重要。因此，本课把握时间观念，需要在学生预习、完成学案的基础上，用时间轴从第一单元开始梳理史事脉络，构建知识体系。既起到了温故知新的作用，又使学生认识到历史发展的时序性，知道朝代更替的原因，培养学生历史分期的两种方式——按照社会形态和生产力（生产工具）来划分。时序观念就是要将历史事物放在历史发展的长河中进行观察和认识，认清历史发展的全过程，辨明它在每一个发展阶段上有什么新特点，寻找前一过程转变为后一过程的原因。

二、善用史料，创设问题情境

通过图片和文字史料创设问题情境，培养学生能够在不同的时空框架下对史事做出合理解释的能力。能运用时空观念来分析和解释历史是时空观念素养水平3和水平4的要求。七年级学生形象思维强的认知特点决定了教学的直观性原则，图片史料更有利于学生提取历史信息。七年级历史（上、下）的教材内容是中国古代史，中国古代史的学习离不开对文言文史料的信息提取与理解、阐释，而语文学科方面还未培养学生足够的文言文阅读能力，因此在学案上对文言文史料做好一定的翻译工作更有利于学生探究历史问题。

《夏商周的更替》一课的教学难点之一是理解夏朝的建立标志着中国早期国家的诞生，即为什么夏不是部落联盟而是国家。展示两幅图片（图2-10），请学生观察禹的变化。有学生认识到，治水时期的大禹处于部落联盟时期，而后凭此功绩继任成为部落联盟首领，而带冠冕的禹已经是国王了，这说明国家已诞生。

图2-10

茫茫禹迹，画作九州。——《左传》襄公四年
夏有乱政，而作禹刑。——《左传》昭公六年
鲧筑城以卫君，造郭以居人，此城郭之始也。
——《淮南子·原道训》

夏巩固统治的措施有哪些？
为什么说夏不是部落联盟而是国家了？

（1）措施：夏朝把天下划分为"九州"进行统治；建立军队，制定刑法，设置监狱，出现了用于镇压的刑罚；统治者筑城郭以保护自己。
（2）部落联盟出现于父系氏族后期，它以血缘关系为纽带，所以夏朝不是部落联盟而是国家。

夏朝是中国历史上第一个王朝、最早的国家。

图2-11

再结合在学案上已译好的文字材料来探究早期国家的重要标志，认识到夏朝的社会形态从原始社会末期过渡到了奴隶社会，并请学生展开讨论："你认为从原始社会的氏族部落发展到奴隶制国家，世袭制代替禅让制是历史的进步还是倒退？为什么？"这个问题的实质是解释时间概念与历史进步的原因。从教学效果来看，各抒己见充分调动了学生的探究能动性；从教学方法来看，培养了学生基本的唯物史观"生产力的发展是判断历史进步与否的根本标准"，有利于学生理解历史向前发展的动力。

禹身份的变化：从部落联盟到国家的建立；从"公天下"变成"家天下"，世袭制代替禅让制；从原始社会到奴隶社会。这些因素的变迁都是历史的时间概念，而且史事的发生基于夏朝的形势范围内。故而，合理的问题情境创设、有效明了的史料，是学生能够按照历史时间顺序和地理因素，构建历史事件、历史人物、历史现象之间的关联性，理解历史进步意义的重要方法。同时，历史学科五大核心素养是一个有机的统一整体，时空观念的培养离不开史料实证、历史解释、唯物史观乃至家国情怀素养的综合培养。

三、以小见大，探寻历史发展规律

能够把握相关史事的时间、空间联系，运用特定术语对较长时段的史事加以概括和说明，乃至从历史长河中把握历史发展的规律，是时空观念素养水平3—4的要求。七年级学生年仅十二三岁，不仅人生经历少、社会阅历浅、看问题亦有很大的局限性，而且抽象思维发展程度不高，从横向和纵向联系历史事物提取共同点、从宏观理解历史发展规律的能力欠缺。

在学习夏商周三朝更迭史事后，学生在结合史料知道"国人暴动"基本史事（公元前841年，因不满周厉王的暴政，西周首都镐京以平民为主体发生暴动）的前提下，提问："为什么西周后期和夏末、商末一样，发生了暴动？我们可以得出什么启示？"从"国人暴动"的原因，再追溯到夏桀的暴政、商纣王的暴政，使学生归纳出暴政激化了社会矛盾，引起了人民的不满与反抗，这是夏商西周灭亡的重要原因。引导学生得出对现代社会依然有借鉴作用的启示，统治的稳定需要人民的支持，"得民心者得天下"。以小见大、见微知著，将历史感悟升华为历史理论，更符合七年级学生的认知特点。引领学生通过历史学习，认清历史发展规律，对历史与现实有全面、正确的认识，形成实事求是的科学态度以及正确的世界观和历史观，这是2017年历史新课标的基本理念。

四、以学生为中心，激发历史学习能动性

以学生活动为平台，调动学生学习历史的兴趣，充分发挥初中生的主体地位，提高课堂有效性，做有人性的历史教育。初中生尤其是七年级刚学习历史学科的学生，缺乏系统的历史知识体系，缺少史学方法训练，但他们最大的优势是对历史学科充满好奇与热情。一线教师需要做的是，在尽量保持、激发学生对历史兴趣的前提下，以学生为主体、从学生角度进行教学设计，并在课堂教学中多鼓励，及时进行正面有效、形式多样的教学评价。

"烽火戏诸侯"的故事
反映了什么？
思考以下两个问题：
1．周幽王让诸侯来，诸
侯为什么不再来了？
2．周幽王为什么想改立
褒姒之子而不能？

公元前771年，犬戎攻入西周都城镐京，周幽王被杀，西周灭亡。诸侯共同拥立其子继位，王室衰微，于公元前770年迁都洛邑，是为周平王，史称东周（前770—前256）。

图2-12

本课西周灭亡的知识点，以大家非常熟识、感兴趣的"烽火戏诸侯"的故事为切入点，请学生讲故事后探究两个小问题：周幽王让诸侯来，诸侯为什么不再来了？周幽王为什么想改立褒姒之子而不能？问题提出后，学生们都积极回答，不少学生认为像"狼来了"的故事一样，受欺骗后诸侯就不再来了。教师在给予肯定的情况下，引导学生结合刚讲的分封制知识从历史角度深入思考问题。诸侯有服从天子调兵的义务，若不从则会有削爵甚至被剿灭的危险，从而使学生认识到诸侯不怕违抗周幽王的命令，是因为西周末年王室逐渐衰微。周幽王废太子，不遵守礼制，引来犬戎的攻打，导致公元前771年西周灭亡，这为后面的学习奠定了基础。同时，一张简单的周代徙都图使学生能够识别历史地图中的相关信息。镐京在西，公元前770年周平王东迁后的都城在镐京以东的洛邑（今洛阳），明白西周、东周在历史上特定称谓的来源，知道古今地名的区别。

要做到让学生不仅喜欢历史还喜欢历史课，就要做到有效并且有趣的教学，教师在设问或选用历史材料时都应把握学生的兴趣特点。基于学情，创建以学生为中心的课堂，即营造开放、快乐的学习环境，激发学生的好奇心，鼓励学生提出问题、自主发现问题。教师应站在学生的角度，倾听他们的问题。

总之，培养七年级学生的历史时空观念应扬长避短、循序渐进，以学生为中心进行教学设计，从学生的认知特点和思维水平出发，创设问题情境，激发学生学习历史的能动性，培养学生分析地图、制作时间轴和史料研读等基本方法与能力，将历史感悟升华为历史理性。这样的历史教育才不僵化、不应试、不脱离学生与实际，是生动有效、充满人性与理性的历史教育。

参考文献

［1］陈亚.初中生"时空观念"核心素养认知情况分析和对策［J］.中华少年，2018（13）.

［2］陆丽芳.基于学情分析的初中历史"学讲"课堂教学模式的研究［J］.文理导航（上旬），2017（4）.

［3］朱汉国.历史学科核心素养释义［J］.历史教学（上半月刊），2018（3）.

"进场"与"出场"

——培养初中生历史时空观念为主的核心素养策略探究

深圳市盐田区云海学校 廖 琼

心理学研究表明，学生是否喜欢学习，取决于学习的过程中能带来多少愉悦感，以及通过学习，在解决问题中能带来多少成就感。苏霍姆林斯基说："学生在学习中遇到的最大困难莫过于知识的'滞销'，知识的积累似乎只是'为了储存'应付考查，而'不进入流通过程'学以致用，因而掌握知识对学生来说变成了累赘、讨厌的事，希望尽快摆脱它。"现实中，初中历史学科的教学状态尤其如此。一方面，由于年代久远，以初中生有限的认知水平，思维很难进入历史的现场，对抽象的历史事件进行深刻的体会、理解；另一方面，学习历史知识只是为了应付考查，难以将其"流通"起来的现状由来已久，因而历史学科的学习过程中不但体验不到愉悦感和成就感，传统的读、背、考等方式更是让历史知识变成滞销的"货物"，从而大大降低了初中生学习历史的动力。

高中历史新课标的修订，突出了对学生唯物史观、时空观念、史料实证、历史解释、家国情怀等"历史学科核心素养"的培养。这五大学科核心素养无疑更能体现新时期培养人才的需求。但是，这种目标的培养如果不从初中历史教学中抓起，恐怕在高中教学的实际操作中要事倍功半，甚至变成无源之水、无本之木。新课程理念改革下的教学强调以学生为本，更加注重学生在学习中体验的过程。在此教育改革的背景下，要培养初中生的历史学科核心素养，意味着教师必然要转变传统读、背、考的教学策略，在课堂上创设多元化的情感空间，让学生在多种情景模式中体验学习，亲临"历史现场"，做历史事件的"见证者""参与者"，思考在特定的时间空间下历史事件发生的前因后果。

教师更应该在课后帮助学生将所学知识联系贯通起来，让学生体验到学以致用。知识不断"流通"起来，才能为后续的学习增加动力，达到学科育人的目标。本文将从创设特定的历史时空情景出发，激发学生的兴趣，引导学生"入场"，引领学生"见证历史""参与历史"，最后"出场"，对以历史时空观念为核心学科素养的教学策略做一些探究。

在教学过程中，教师应千方百计地采取各种教学策略，以提升教学效果。而不论采取什么样的策略，最终都应该以激发学生的学习兴趣和内在学习动机、促进学生的终身发展为落脚点，在此基础上展开的教学才能是有效的教学。在教学过程中，笔者曾试图根据不同阶段、不同层次的学生，用不同的策略激发他们学习历史的兴趣，以相应的策略引导学生"进入"特定的时空场所，尽量做到让历史"鲜活"起来，让学生"亲临历史现场"，设身处地地思考问题，理性客观地认识历史事件，并创设情景让学生将知识流通起来，学以致用地体验亲手"创造历史"的成就感。

一、"见证"历史

1. 播报历史上的今天

对刚升入初中的七年级学生来说，"历史"是一门全新的课程。部分学生可能在小学阶段看过《上下五千年》一书，但大多只是当作兴趣爱好的课外书阅读，对历史学科还缺乏科学系统的认识。因此，初中起始阶段，教师应该从激发学生的兴趣入手，引导学生正确认识历史。在教学过程中，笔者曾经尝试让学生利用互联网搜索"历史上的今天"，利用课堂刚开始的一两分钟时间进行播报。每逢重要历史事件时，再加以讲解。如9月18日，可以利用当天拉响的防空警报向学生解释警报的由来，简单介绍九一八事变日本侵华的史实，加强对学生的爱国主义教育，引导学生正确看待历史事件，牢记历史，勿忘国耻，吾辈自强，振兴中华！如9月28日是伟大思想家、教育家孔子诞辰之日，笔者用学生熟悉的《论语》中的内容带领学生感受2500多年前这位智者在学习、修身、为人、处事等方面的智慧，让学生体会中华文明的源远流长和魅力所在。

学生轮流播报，加上教师点讲，能使七年级学生更快对历史学科有一个明确的认识，并在此过程中有效培养学生的历史时空观念。更重要的是，在轮流播报中，学生能够主动地参与进来，不但能提高他们学习的积极性，还能让他们感受到知识的"流通"和"学以致用",为后续学习增添动力。

2. 画思维导图整理线索

经过一学期的学习后,学生对历史学科已经有了一定的认识,也积累了一定的历史知识。针对七年级学生对历史时间线索不够清楚,对每个朝代政治、经济、文化发展水平的相关史实较混乱的情况,笔者曾在寒(暑)假时给学生布置了一项自己动手画思维导图、整理时间线索的任务。有的学生单独思考制作,有的学生小组合作,新学期开学初进行评比,选出制作较好的展示在教室板报上。如学生能整理出较好的线索方便记忆,可在全班推广。结果,其中一些学生做得超出预期,不但有时间为线索的导图,更有下图2-13:

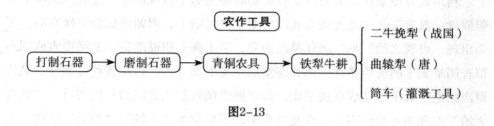

图2-13

有的学生更是为了归纳中国古代陶瓷的发展线索,上网搜索了《都是铁元素惹的祸》,快速了解中国古代陶瓷的发展脉络,观看后收获颇丰,结合课本知识制作了下图2-14:

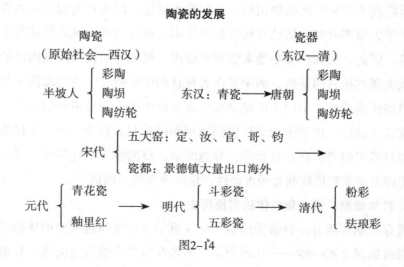

图2-14

不但将中国古代陶瓷业发展的线索整理清晰，还通过视频了解到了中国古代各时间段陶瓷文化发展的水平、制作工艺，深刻体会china（c小写为瓷器，大写为中国）在世界的魅力。

二、"参与"历史

经过七年级一学年的培养，学生已积累了一定的基础知识，具备了一定的学科素养。因此，在八年级的课程中，笔者更多让学生"参与"到历史事件中去。

1. 历史拐点：重大历史事件的假设

利用观看纪录片《大明宫》将唐朝时期的历史直观还原，之后组织学生大胆假设：没有玄武门之变或玄武门之变李世民输了，唐朝历史会怎样发展？还会出现"贞观之治"吗？问题抛出去后，学生课后积极准备，上网搜索或图书馆查阅皇太子的资质条件。回到课堂后学生七嘴八舌，讨论各种可能性，最后得出结论：太子李建成资质平庸，如掌握唐朝政权很难成为一代明君，"贞观之治"出现的可能性不大。在此过程中，引导学生"入场""参与"历史，大胆假设，积极准备，用自己查阅的史料验证史实，过程重于结论。讨论后，笔者引导学生客观辩证地看待历史史实，初步介绍科学评价历史人物的方法，指出在特定的历史时空下特定历史人物出现、特殊历史事件发生的必然性。

在"西安事变"中，引导学生假设：若西安事变未能和平解决，国家和民族命运将何去何从？问题抛出后，学生分组讨论。因为有前面九一八等事件的铺垫，学生对当时的国情已有较深刻的认识，也认识到全民族抗战的迫切性和必然性。因此，假如西安事变未能和平解决，可能会引发国民党内部的权力争斗，丧失联共抗日的良机，而中共作为抗日的中流砥柱，为挽救国家和民族命运将更加任重道远，中国人民将会在水深火热中艰难跋涉更长的日子。通过讨论、发言、总结，让学生深刻认识到国家和民族利益高于一切，全民族团结抗战才能打败侵略者！在此过程中，穿越时空，反向推导，让学生"身临其境"地感受捍卫国家和民族利益的重要性，培养学生的家国情怀。

2. 教育戏剧：带入角色体验感悟历史

教育戏剧在西方一直备受推崇，它注重学生在参与过程中的体验学习，这与新课改的理念相一致——从做中学。笔者在教学中曾做过尝试：在讲到家庭联产承包责任制时，选取小岗村18户农民签下生死状的片段，课前安排学生查阅相关资料，深入了解当时农村现状，引导学生揣摩18户农民为了解决温饱敢于先吃"螃蟹"、孤注一掷的心态。排练准备充分后，在课堂上以戏剧的形式表演出来。为了让观看的学生有更深刻的感受，笔者特意在表演的某个时间点叫停，让参与的"演员"们一一说出作为"当事人"在"此刻"最想讲的话。虽然只有几分钟的演出，却在学生的参与下还原了史实，让年代久远的历史鲜活丰满起来，表演的学生积极性高，观看的学生如临现场，意犹未尽。在此过程中，指导学生学会通过查阅一手资料来了解史实，还原历史片段让学生体会当时生活的艰辛，懂得珍惜今天幸福生活的来之不易。

在讲到雅典的民主政治时，笔者设计了一个场景让学生来对话表演：

【故事背景】旁白：故事发生在公元前465年，故事的主人公凯特与杰克是一对同父异母的兄妹，哥哥杰克生活在斯巴达，妹妹凯特生活在雅典。一天，杰克去雅典看望父亲，故事就此展开了。这年，他30岁，到雅典的时候，父亲不在家，只有凯特和小弟吉利在家。原来，这天是雅典举行公民大会的日子，父亲参加公民大会去了。

杰克问："为什么你不和父亲一起去参加公民大会？"

凯特说："不行，公民大会只允许男性公民参加。"

杰克又问："那么，吉利怎么没有去参加？他不是男的吗？"

凯特说："吉利只有14岁，按规定只有年满20岁的成年男性公民才能参加公民大会。"

杰克继续追问："为咱们家干活的奴隶可以去参加公民大会吗？他们好多人都是成年男子。"

凯特说："他们都没有权利参加公民大会，因为他们是奴隶。"

杰克最后问："那我可以参加公民大会吗？我既是男的，又超过了20岁。"

凯特说："不行，你是斯巴达人，不是雅典人，外邦人不能参加公民大会。"

对话简单，却能让学生对奴隶社会时期的民主有一个明确的认识，同时能帮助学生正确理解此处"公民"和"民主"的概念，引导学生体会西方民主政治的源远流长，为后面讲文艺复兴、西方现代的民主政治做铺垫。

三、"创造"历史

经过两学年的专门训练和刻意培养，学生的知识储备逐渐丰富，学科素养也渐渐养成，已经具备了一定的历史思维能力。在历史学科的学习上，为了让学生更好地实现初高中学段的衔接，在九年级的教学中，笔者更多地让学生利用身边的资源，动脑动手，自己"创造"历史。

1. 小小史官：制作历史小卡片

对于大多数初中生来说，传统的读、背、考学习模式很难让他们对材料论述题应对自如，也无法跟上高中的学习步伐，离学科素养的形成更是相去甚远。基于这一点，笔者想让学生切实感受知识的流通，做到学以致用。因此，在九年级的教学中指导学生留心观察、收集身边发生的时事，借用历史的基本要素，自己动手编制历史小卡片。在此过程中教会他们用历史的眼光看待问题，用历史的思维思考问题，能力稍强的学生可以让他们附带上自己的看法和评论。通过一学期的收集制作，以学生自评、小组互评、教师评价相结合的方式评出优秀者，换取和教师同游博物馆的机会。这样不仅可以锻炼学生的思考和写作能力，还可以让他们切实感受努力换来成果的成就感，激发学习的内在动机。

2. 课题研究：收集编订地方史

深圳建市的时间不长，但作为小渔村的历史是久远的。笔者打算带领九年级学生做小小史官，利用假期时间，调查、访问、收集地方发展历史并编写成文。例如，可以带领学生就近访问盐田区的渔民，这些渔民往返深港流动捕鱼已有上百年历史，在抗战期间曾参与运送支援物资。因支援抗战有功，中华人民共和国成立后周恩来亲自批示为这一批流动渔民建户口，深港流动捕鱼也随着香港的回归而合法化。教师带领学生访问、记录疍民生存发展的百年历史，指导学生整理、编写成文，在课堂展示成果，并为日后地方史的编订提供资料。在此过程中，学生可以深刻体会到疍民百年生活的变迁即中国社会变迁的缩影，引导学生认识历史是由人民书写和推动的道理，提醒学生在以后的学习和生活中多留心思考，做一个发现历史、"创造"历史的人。

笔者相信，经过三年的刻意训练和培养，学生的历史学科素养一定会高于传统教学模式下所取得的成果。本文中提到的一些做法和设想还有欠佳之处，在此期待抛砖引玉！

参考文献

[1]　［苏］B.A.苏霍姆林斯基.给教师的建议［M］.周蕖，王义高，刘启娴等，译.武汉：长江文艺出版社，2014.

[2]　［美］丹尼尔·T.威林厄姆.为什么学生不喜欢上学［M］.赵萌，译.南京：江苏教育出版社，2010.

[3]　陈昔安.初中历史教学策略研究与应用［M］.北京：北京教育出版社，2017.

浅谈如何利用历史地图提升地理意识

汕尾市实验初级中学　张丹华

长期以来，中学历史教学过分强调以教师为中心，注重教师的知识传授和学生被动接受。教材中，历史地图一直处于陪衬或点缀的地位，成为教师"教的辅助资料"，教师在具体的使用过程中也存在许多的弊端，如重结果轻过程，重记忆轻探究。教师过多地讲解、分析和说明，学生总是被动地接受，缺少思维的时间和空间，养成思维的惰性，因此丧失了学习的积极性和主动性。新课程改革2016年版《教育部部编初中历史课程标准》对"知识与能力"的描述："在掌握基本历史知识的过程中，逐步形成正确的历史时空概念，掌握正确计算历史年代、识别和使用历史图表等基本技能，初步具备阅读、理解和通过多种途径获取并处理历史信息的能力，形成用口头和书面语言，以及图表等形式陈述历史问题的表达能力。"在教学中要注意方法，教学手段要多样化和现代化，积极运用教学挂图、多媒体、投影、录音、录像进行直观教学。新编教材配有大量地图，教学中要重视历史地图的教学功能，利用历史地图进行有效教学，既可以激发学生学习历史的兴趣，积累丰富多彩的历史表象，又可以培养学生的历史探究能力，促进学生历史学习方式的转变，同时有利于学生历史时空概念和地理意识的养成。

古人云"左图右史""索象于图，索理于书"，足见地图在历史阐述、运用、理解和阅读中的地位和作用。历史地图与单纯的历史文字叙述相比颇具直观性、形象性、丰富性等优势和特点，能够把历史现象的现实与历史人物、事件的未来用时间和空间自然地勾勒起来，使得历史现象所拥有的内在思想性、时代性与明智性巧妙地凸显出来，也使呆板而严肃庄重的历史事实与现实活生生的个人紧密地联系在一起，使现实群体中的人产生一种身临其境的历史感觉，提升现代学生的人文素质和人文素养。那么，如何利用历史地图进行教学，培养学生的地理意识呢？笔者认为可以从以下四个方面来进行。

一、师生要掌握阅读历史地图的基本要求和必备素质

历史地图教学在历史学科中有着十分重要的作用。首先，要了解地图的相关知识，认识诸如地图名称、图号、图例、地图资料说明、地图文字及地图数字注记等，其中的图例是地图中的最基本要素，对首都、主要居民点、河流、运河、国界、地区界、山脉、民族分布、战争标识、工农业分布表、交通标识等都有统一符号规定。其次，要根据所掌握的地图要素学会看地图，基本方法就是正面注视地图判断方位：左西右东，上北下南。具体而言，要依地势、地形判断河流、山脉走向：从高到低，左西右东，上北下南。如《凡尔赛和约》规定："莱茵河西岸的德国领土由协约国军队占领15年，东岸50千米以内德国不得设防。"这里对莱茵河东、西岸的理解就要先根据莱茵河所在地区地形、地势走向来确定莱茵河的走向，而后断定其东、西岸地理范围，最后形成该合约所规定的地理空间的历史概念。最后，要对中国地图和世界地图有全盘概念和空间意识，提及历史现象，如世界史中新航路开辟的经过及影响：哥伦布发现新大陆路线，麦哲伦及船队的环球航行路线，世界由相对隔绝变成一个整体，人们了解到美洲、大洋洲，加强了各大洲的联系；再如欧洲殖民者掠夺所进行的三角贸易，从非洲贩卖黑奴，从美洲获得财富，这样就能把该历史现象所对应的空间位置较准确地进行定位。

二、教师巧用图片，激发学生兴趣

兴趣是学习的强大动力和内在力量，是思维的起点。学习由激发兴趣入手，使学生形成良好的学习动机，这是历史教学的目标之一。激发和维护学生的学习兴趣与学习动机至关重要。地图作为一种直观、形象的工具，能激起学生的直接兴趣，进而培养学生的观察能力，引发学生对历史的深刻思考。例如，讲唐朝民族关系时，笔者使用"唐朝边疆各族分布图"，每讲一个民族就示意学生用不同颜色的小纸片贴在图上对应民族的位置，并注上该民族首领及演化后的民族名称，同时用红笔标出唐都长安，这样使唐朝与周边民族的位置关系一目了然。利用这张图进行师生互动，很容易调动学生的学习兴趣，吸引学生的注意力。

三、教师要运用历史地图，夯实和深化历史知识

地图是以方位、区域、路线等标识构建起来的空间，而历史是以时间为线索构建起来的知识框架，所以阅读历史地图时要注意以时间为纵向系统，以空间为横向系统，才能更好地从地图中获取有效信息。

历史地图为学生提供了直观的、确切的地域空间图像，与文字材料相辅相成，是历史教材的有机组成部分。因此，图文结合有利于历史基础知识的掌握。例如，"西汉郡国交叉局部示意图"显示西汉时期"郡"和"国"分布的"交叉"特色，有利于理解和掌握西汉郡国并行制特点及原因；再如春秋战国时期诸侯国的分布图，燕、韩、赵、齐、魏、晋分布在黄河中下游地区，秦国在陕西、甘肃一带，楚国在湖北，说明当时黄河流域开发得早，经济文化发达，并且现在的行政规划山东简称鲁、山西简称晋，史地知识结合。

历史地图能够反映历史现象在空间状态的发展趋势，有利于对历史知识的理解。例如，对比"两次鸦片战争形势示意图"不难发现：开辟的通商口岸在数量上由5个增加到10个；在空间上由沿海到长江沿岸的内地口岸；在方位上由南方到北方；从战略地位上由要害到控制清政府政治中心发展等。

历史地图除了包含能够形象、直观地反映历史事实的显性知识外，还包含着许多隐性知识。挖掘历史地图所隐含的隐性知识，大大强化历史知识整合意识以及备考能力。所谓隐性知识，就是在历史地图上并没有明确说明，而需要在读图过程中由表及里，认真思考、分析才能得出结论。如"隋唐时期手工业分布和大都会图"要挖掘：扬州是铜镜中心；洪州是造船中心；巩县是唐三彩中心；扬州、益州、广州是南方的大都会；我国的经济重心仍在北方等。再如中国古代西周到南宋的都城变迁，整体趋势从镐京（西安）到洛阳，再到汴梁（开封），再到南宋都城临安（杭州），由西向东，由北向南，认识到我国的经济重心由北向南转移。

历史地图还有利于形成对社会热点问题的归纳和认识。如根据"中部崛起"等热点问题，要求对中部六省历史上发生的重大事件在历史地图上予以重视。近代中国历史地图诸如二次革命首发江西，抗日战争根据地以山西为中心等。

四、教师要史地整合，培养学生立体综合能力

历史地图不同于地理地图，历史地图主要反映人类历史活动的特定空间和时间进程，反映的地理知识还是相对贫乏的，因此适当应用地理知识可以填补历史知识空白，增强历史学习的趣味性，帮助学生形成历史知识立体综合分析、理解能力与人文意识。自古以来，人类社会活动时间都是以自然界的时间规律性来安排的。由于季节的变化，区域地理自然现象特性也随之而变化，人类利用自然界自然因素变化进行社会活动。如笔者利用"半坡居民的房屋复原图"和河姆渡居民的"干栏式房屋"进行探究教学，通过创设问题情境，有目的地指导学生进行发现、探究，最后达成共识：半坡居民和河姆渡居民都过着定居的生活，并能根据地理环境、生活环境的特点建造适宜自己生活的半地穴式和干栏式住房，进一步了解到不同地域有不同的生活环境，文明也有不同的特征，即文明的地域性，同时认识到我国远古居民的伟大智慧，达到情感教育的目标。如郑和七次下西洋，每次航行都利用季风活动规律来安排。

总之，历史地图不仅是教科书的重要材料，还是实用性极强的直观教材。利用地图能激发学生的学习兴趣，使学生乐于学习；能培养学生的自主探究能力，转变学生的学习方式；能培养学生的观察、想象思维分析能力，使学生成为学习的主人；能突破教学的重、难点。史地两个学科交叉融合，有利于提高学生历史时空概念和地理意识的养成。教师很好地利用历史地图，就能在教学中取得事半功倍的效果。

参考文献

［1］皮连生.学与教的心理学.［M］.上海：华东师范大学出版社，2011.

［2］中华人民共和国教育部.全日制义务教育历史课程标准（2011年版）［M］.北京：人民教育出版社，2012.

聚焦时空 再回历史现场

——以洋务运动中李鸿章的作用为例

深圳市福田区石厦学校 邹德美

2017年底，深圳市福田区石厦学校举办了广东省历史教师基本功大赛。大赛期间，各个地区的优秀选手都拿出了非常精彩的作品，笔者从中受到的启发和教育比自己多年一线教育积累的经验还要丰富。尤其是初中组的《洋务运动》，选手们对19世纪60年代到90年代的社会背景和国际情况进行了精彩的分析。但冷静思考之后，在这种大变局之中，以李鸿章为首的士大夫阶层到底起了哪些作用？当时历史现场究竟如何？是很多选手忽略的内容。

一、回到历史现场，构建宏观现场

洋务运动有很多的名目："同治中兴""同光新政""自强新政""地主阶级自救运动"，等等。海外学者多称其为"自强新政"，重在强调其是在外国列强侵略下做出的回应。

洋务运动发生在19世纪60年代，当时的社会可谓"内忧外患"。"内忧外患"是指洋务运动发生时，清政府面临着严重的民族危机。西方资本主义国家从14世纪开始，经历了文艺复兴、新航路开辟、宗教改革、资产阶级革命、工业革命后，资本主义世界体系初步形成，迫切需要扩大国际市场。他们通过枪弹炮火打开中国的大门，侵夺中国的领土，践踏中国的主权。然而，第一次鸦片战争的失败并没有给大多数的中国人带来冲击，中国又浑浑噩噩地过了20年。尽管存在林则徐、魏源等人的"睁眼看世界"，但其影响极其有限。第二次鸦片战争期间，清政府先后签订了《天津条约》《北京条约》，再次割让领土、增加赔款、丧失主权，进一步加深了中国的半殖民地和半封建程度。在这种内忧外患下，清政府上层官员形成了"守旧派"和"洋务派"两个阵营。

第二次鸦片战争后，清政府用领土和特权等暂时满足了列强的要求，国内的太平天国运动也在内外势力的联合镇压下陷入低谷。在联合镇压太平军的过程中，清朝官员们见识到华尔领导的"常胜军"船坚炮利的威力。多数官员希求得到外国军队的保护，而李鸿章等人感受到了潜在的威胁，认为这种"和局"是短暂的。因此，李鸿章把"自强"定为洋务运动的目标。关于"自强"一词，李鸿章在1864年春致总理衙门函中写道："夫今之日本，即明之倭寇也。距西国远而距中国近。我有以自立，则将附丽于我，窥伺西人之短长。我无以自强，则并效尤于彼，分西人之利薮。"

二、深入历史细节，探讨微观真相

李鸿章，字渐甫，号少荃，安徽庐州府合肥县人。师从曾国藩，名起镇压太平军时。在镇压太平天国运动时，李鸿章显示出卓越的军事指挥才能。李鸿章历任之官，有大学士、北洋大臣、总理衙门大臣、商务大臣、江苏巡抚，以及湖广两江两广直隶总督。自表面上观之，可谓位极人臣。李鸿章迅速升职既得益于太平军的威胁，也得益于他本人的能力和努力。

李鸿章投身洋务运动二十多年。也正是因为洋务运动，对李鸿章褒贬不一。有人批他不懂洋务，梁启超批他"只知有洋务，不知有国务"；有人夸他是"中国近代化的第一人"。如何评价李鸿章在洋务运动中的作用，主要看他所办的洋务。下表是李鸿章在洋务运动期间进行的一系列活动。

表2-5

时 间	地 点	事 件
同治二年正月（1863）	上海	设外国语言文字学馆
同治四年八月（1865）	上海	设江南机器制造总局
同治九年十月（1870）	天津	设天津机器制造局
同治九年闰十二月（1870）		筹通商日本并派员往驻
同治十年四月（1871）		拟在大沽设洋式炮台
同治十一年正月（1872）		挑选学生赴美国肄业
同治十一年五月（1872）		请开煤铁矿
同治十一年十一月（1872）		设轮船招商局

续 表

时　间	地　点	事　件
光绪元年十一月（1875）		筹办铁甲兵船
光绪元年十一月（1875）		请遣使日本
光绪元年十二月（1875）		请设洋学局于各省
光绪元年十二月（1875）		开洋务进取一格
光绪二年三月（1876）		派武弁往德国学水陆军械技艺
光绪二年十一月（1876）		派福建船政生出洋学习
光绪六年二月（1880）		始购铁甲船
光绪六年七月（1880）	天津	设水师学堂
光绪六年八月（1880）		设南北洋电报
光绪六年十二月（1880）		请开铁路
光绪七年四月（1881）		设开平矿务商局
光绪七年六月（1881）		创设公司船赴英贸易
光绪七年十一月（1881）		招商接办各省电报
光绪八年二月（1882）		筑旅顺船坞
光绪八年四月（1882）	上海	设商办织布局
光绪十一年五月（1885）	天津	设武备堂
光绪十三年十二月（1887）		开办漠河金矿
光绪十四年（1888）		北洋海军成军
光绪二十年五月（1894）	天津	设医学堂

上述表格列举的是李鸿章所办的洋务，综合来看，主要分三类：

第一类是军事，如购船、造船、购械、造械、筑炮台等；第二类是商务，如铁路、招商局、织布局、电报局、开平煤矿等；第三类是教育，如兴学堂、派学生游学外国等。

李鸿章在军事方面的作用在于引进西方技术生产枪炮武器，运用西法训练军队，创建新式海军。

李鸿章创办的金陵机器局开近代兵工业的先河。其资金主要来源于淮军预算，生产的武器多数送至淮军各部队，后期由于李鸿章的离开，金陵机器局日渐衰微。江南机器制造总局是重要的武器生产机构，也是洋务运动最大的近代军事工业。其生产的滑膛枪和榴弹炮直接用于淮军攻打太平军，在镇压太平天国运动中发挥了重要的作用。但是其生产的兵舰和船只选用的是进口材料，成本远高于购买价格，维修和管理开销也大，19世纪80年代后日益陷入困境。天津机器局在朝廷的扶持下，到19世纪70年代末，其生产的火药、子弹和炮弹数量就超过了江南机器制造总局。

1862年，淮军开始采用西式武器和西法操练。李鸿章还提出将沿海沿江的精锐部队改为"洋枪炮队"，采用西式武器，增强沿海防御实力。北洋水师在四支近代化的海军舰队中实力最强、规模最大，其实力曾是亚洲第一，后逐渐落后于日本。在甲午中日战争中，北洋舰队全军覆没。多数人把北洋舰队的覆没归咎于李鸿章的决策失误，但也有人认为北洋海军的失败原因有二：一是清政府官僚主义陋习、地方主义观念和派系的明争暗斗；二是北洋海军本身组织不健全、装备陈旧过时。

发展军事工业需要大量的资金，19世纪70年代后，以李鸿章为首的洋务派把目标从"自强"变为"求富"，把主要活动集中在发展商务方面。李鸿章在商务方面起到的作用是建立近代工厂，发展工矿交通事业。

李鸿章认为，发展商务可以达到国富民强的目的。"臣维古今国势，必先富而后能强，尤必富在民生，而国本乃可益固。各国制造均用机器，较中国土货成于人工者，省费倍蓰。售价既廉，行销愈广。自非逐渐设法仿造，自为运销，不足以分其利权。"因此，他建议中国人自己建立机器操作的纺织厂，并带头创立了上海机器织布局。他还鼓励中国商人组织公司，开采矿山，开办电报。李鸿章办轮船招商局的目的在于同外国企业竞争，收回中国利权。轮船招商局设立后，1873年至1876年，外国航运公司收入总共损失4 923 000两白银。中国运费率稳步下降。轮船招商局前期的成功得益于政府的财政支持和公司管理人的自主权，1884年后被官僚控制，逐渐衰落。

李鸿章在教育方面起的作用在于尝试发挥科举在引导近代化方面的作用，在学校开设数学和科学，鼓励学生出国游学。

1864年，李鸿章建议在科举考试中增加技术一科，借以鼓励读书人投身于科学技术事业。但为了政治利益，他并不致力于科举改革。李鸿章模仿西式武器的同时提出要培养相应的人才。同文馆和新设的外国语学校除了培养翻译员外，更重要的是培养钻研西方技术的人才。李鸿章还主张派遣学生到西方国家学习数学和机械学等科学。

三、结合历史背景，评价全面客观

李鸿章处在专制主义中央集权达到顶峰的清朝，当时西方列强完成工业革命后，迫切需要打开并扩展中国市场。爆发了鸦片战争、第二次鸦片战争，中国的民族危机加深，此时的社会矛盾也异常尖锐。洪秀全领导的太平军发展迅速。清政府借助湘军、淮军以及华尔领导的"常胜军"，沉重打击了太平军的势力。在镇压太平军的过程中，李鸿章等人深刻体会到中西方武器装备的差距，又因镇压起义有功，李鸿章、曾国藩得到了大展宏图的机会。因此，李鸿章、曾国藩等看准"三千年未有之大变局"的机会，在办洋务时积极争取清政府的支持。

以李鸿章为代表的洋务派在民族危机日益加深的情况下，把"自强"作为洋务运动的口号，创办了近代第一批军事工业。19世纪70年代，因创办军事工业所需的资金多、见效慢，加之"丁戊奇荒"，洋务运动出现了剧烈波动。因此，李鸿章等人转而以"求富"为口号，从发展军务转向商务，创办了一批近代民用工业。在创办洋务的过程中，李鸿章等人深知培养新式人才的重要性，创办了一批新式学堂培养相应人才。这三类洋务相辅相成，相互依赖。通过创办这三类洋务，洋务运动开启了中国军事、工业、教育近代化。

李鸿章具有实行新政的务实精神，但是他在同现存的军事和行政惯常做法中存在妥协。尽管李鸿章是清朝高官主张在官办学校教授西方科学和数学的第一人，但是并没有触到中国社会与政治的基本问题。正如李鸿章在同治十一年（1872）五月复议制造轮船折云："西人专恃其枪炮轮船之精利，故能横行于中土，中国向用之器械，不敌彼等，是以受制于西人。居今日而曰攘夷，曰驱逐出境，固虚妄之论，即欲保和局守疆土，亦非无兵而能保守之也。"所以，当时只是局限在学习技术方面。

李鸿章只是19世纪60年代开始的洋务运动的代表之一。其实，主张学习西方，以求推动清朝进步的中央有奕䜣，地方还有曾国藩、张之洞和左宗棠等实力大员，他们倡导的这场运动以19世纪70年代为分界线。前期以"自强"为口号，创办了一批近代军事工业，如安庆军械所和福州船政局等；后期以"求富"为口号，兴办了一批近代民用工业，如汉阳铁厂等。19世纪70年代中期开始筹建海防，创建了北洋、南洋、福建三支海军。在教育方面创办新式学堂。洋务运动开启了中国工业、军事、教育近代化，主要是学习西方先进的技术，维护清朝的统治。虽然没有改变中国半殖民地半封建社会的性质，但是为了适应时代的发展，他们还是做了很多努力。

所以，在历史教学中我们不能只是简单地说洋务运动是失败的，或者简单地传输一些简单的口号，我们要让学生回归到历史现场，引导学生进行反思。在当时的阶段，李鸿章等人做了很多努力，虽然没有改变中国的社会性质，但是这是历史进步中不可或缺的一环，后人也是在此基础上继续前行的。我们要用这种人性共同的情感把学生带回历史现场，以此来训练学生的思维和理解能力，最终培养学生的历史观。

参考文献

[1] 陈旭麓.近代中国社会的新陈代谢［M］.上海：上海社会科学院出版社，2006.

[2] 胡以贵.扳不倒的李鸿章［M］.长春：吉林文史出版社，2014.

[3] 邢超.致命的倔强：从洋务运动到甲午战争［M］.北京：中国青年出版社，2013.

[4] 黎志刚.黎志刚论招商局［M］.北京：社会科学文献出版社，2012.

[5] 蒋廷黻.中国近代史［M］.北京：中国华侨出版社，2016.

[6] 梁启超.李鸿章传［M］.西安：陕西师范大学出版社，2009.

浅谈培养初中生历史时空观念途径

深圳市南山区南外（集团）文华学校　刘栋梁

历史时空观念是初中生历史学习的基本素养，是历史学科对学生的基本要求，是每一堂历史课都必须贯穿的内容。初中生生性活泼、好动，之前没学过历史理论，所以培养初中生历史时空观念任重道远，需要坚持与智慧。笔者也是初步接触历史时空观念的培养，思维有所局限，主要是向工作室其他同行学习。

一、课堂教学中初中生历史时空观念的培养途径

（一）教师在课堂上有意识地培养历史学科思维的习惯

历史学科思维的习惯是学习历史的基础，是培养学生形成历史时空观念的根基。笔者认为其主要包括如下习惯：

1. 知识迁移的习惯

人类的历史是一部完整的历史，历史事物之间不是孤立的，而是具有一定的相似性、相通性和规律性。将历史时空中零散的历史事件或历史现象进行整合以总结出历史发展的规律，以及了解事物之间的相通性和规律性以理解历史发生的整体性，即是知识迁移与关联的习惯。郭德俊等人编著的《教育心理学概论》对"迁移"的界定："简单地讲，就是一种学习对于另一种学习的影响，也就是学生已获得的知识经验、认知结构、动作技能等之间发生的影响。"由于历史学科知识跨越古今中外，涵盖了政治、经济、军事、文化等各个领域的内容。培养学生时空观念，就需要引导学生在不同领域以及不同时空下的知识迁移。所以，笔者建议教师在课堂教学中有意识地培养学生学科知识迁移的能力，尤其是古今中外历史和现实之间的迁移能力。

2. 总结归纳的习惯

21世纪是一个信息和知识爆炸的时代，所以在这个时代获得知识将变得

不再困难。那么，如何提高自己的总结归纳能力就变得非常重要。其实，总结归纳是对知识的再加工和重新组合，而不失去其最主要的信息量。历史学科也是这样，整部人类历史浩瀚广大，随着历史学习的深入，学生历史知识越学越多，纷繁复杂。如果教师引导学生及时以单元或者以课时为单位进行总结归纳，化繁为简，筛选并掌握重要的历史时空信息，更加有利于学生形成历史时空观念。

3. 历史时序观念

历史教学语境下的时序观念是指在历史叙述中树立时间意识，学会运用时间术语来进行历史陈述；在历史分析时要重视资料文献中时间的价值与作用；在时间的背景下把握历史的变迁与延续、原因与结果。历史学家把事件按照其发生的时间顺序排列，就像对案件进行梳理一样，这样我们就能了解事情发生的原因及影响，历史才真正变得有趣起来。中学历史教学中，培养学生的时序观念是一项重要的基础性任务，有了时序观念，学生才能构建时空观念。如何培养学生的时序观念呢？方法有许多，最重要的就是在课堂教学中引导学生建立时间意识。学生有了明确的时间意识，在思考历史问题时能够准确地了解其时间，时刻意识到历史事件有着不可剥离的时间属性，在了解历史事件时才能对一系列历史事件的时序做出判断。只有在明确的时间意识的基础上，学生才有可能将历史事件置于一定的历史时空之中，从而形成历史时空观念。

4. 历史空间观念

空间观念是指在特定的空间联系中认识和理解历史，对历史事物进行观察、分析的重要思维方式，涉及记忆、理解和综合分析等多种学习要求，是一种具有综合色彩的"必备品格和关键能力"。在教学过程中加强学生的历史空间观念，笔者认为最重要的就是重视历史地图的作用，在历史教学中融入地理教学，对历史地图进行深层次解读，挖掘隐藏在地图之后的重要信息，揭示历史空间的变革，引导学生建立历史的空间观念。

（二）教师在课堂上善于使用各种历史教学工具，帮助学生构建基础的历史时空观念

教学工具是课堂教学不可或缺的辅助工具，有些教具对培养学生时空观念有着重要的作用。

1. 教 材

教材是历史教师开展教学的主要依据，也是学生获取历史知识的主要工具，利用历史教材来培养学生的时空观念，将是培养历史时空观念的第一步。教材的种类有很多，包括文字教材、影像教材等。其中，历史教科书是最主要的历史教材，是学生学习历史最直接的方式。所以，历史教师要善于从教科书中寻找资源，培养学生的时空观念。经常用于培养学生时空观念的教材内容主要有历史图片（包括历史地图、历史插图）、单元引导语、补充文字（包括历史人物的言论）、历史年表、活动课等。其中，历史图片（包括历史地图、历史插图）是比较容易引导学生构建时空关系的教具。笔者想强调的是单元引导语和历史年表，这两则内容容易被忽略，但是如果使用得当，这两则内容也能起到非常重要的引导作用。

（1）单元引导语。以最新的部编版历史教材为例，每单元都在单元的封面位置有一则单元引言，单元引言以高度精练的语言将本章节的内容叙述出来，方便学生对本章节整体知识的完整把握，对学生整体历史学习起到提纲挈领的重要作用，对学生构建系统的时空框架有益。因此，教师应该注重教科书导读部分的应用价值。

（2）历史年表。培养学生的时空观念，教科书还有一个重要的辅助工具，那便是历史年表。历史年表应用广泛，几乎每一册历史教科书的最后都会附有历史年表，但是历史年表的作用却普遍得不到教师的重视。历史年表的种类有很多，最典型的就是按历史时间顺序排列的历史大事年表，如2017年版的部编教材。但是，像流水账一样的大事年表无法高效地帮助学生构建历史时空框架，需要教师根据具体的教学情况自行编写大事年表。历史大事年表并非越精细越好，而是要选取能够凸显内在逻辑关系的重大历史事件来编写。如编写明清历史年表，可以按照如表2-6中的思维进行编写，有助于学生形成历史时空观念。

表2-6

时 间	政 治		经 济		文 化	
	中国	外国	中国	外国	中国	外国
1368年 至1840年						

2. 历史类视频材料

历史类视频材料一般分为历史纪录片和历史影视剧两大类。历史纪录片一般是对历史出土文物的如实记录，对于刚上初中的学生而言，吸引力不是很大，反而是一些制作精良、优秀的历史题材类的影视剧（电影）对学生的吸引力较大，如《汉武大帝》《雍正王朝》《大明王朝1566》。影视剧通过模仿历史时代的人物与发生的事件，还原历史场景，学生通过观察其中人物对话、服装、故事情节，了解那个时空的历史，从而比较容易构建起对于那个时空的框架。

3. 历史时间轴

在课堂教学过程中，经常会用到时间轴把握历史的横向与纵向的时空关系，通过时间轴的勾连、对比，加深学生对历史整体的宏观认识，从而加深对相关历史时空的理解。

（三）教师在课堂上的教学技巧

教师在课堂上善于使用各种教学技巧引导学生进行构建历史时空框架，加深对历史的理解。

1. 教师在课堂上积极通过历史的对比与类比引导学生进行历史时空观念的构建

历史对比是对一些不同历史事件进行比较，得出相同和不同之处，从而加深对相关历史时空的认识。历史类比是指对相类似、易混淆的历史事件进行对比，找寻不同之处，以便区别。这两种教法都要求学生从不同历史时空出发进行比较与思考，找寻相同与不同，加深对不同时空的理解，从而加深对历史时空的理解和整体把握。

2. 教师通过创设情境体验式教学引导学生构建历史时空的框架，加深对历史时空的理解

历史时空观念是一种比较抽象的概念，是看不见、摸不着的，学生不能直接感知，这就需要学生在亲身经历的过程中获得直接体验。于是，体验式的教学方式便应运而生了。体验式教学"指在教学过程中，根据学生的认知特点和规律，通过创造实际的或重复经历的情境和机会，呈现或再现、还原教学内容，使学生在亲历的过程中理解并构建知识、发展能力、产生情感、生成意义的教学观和教学形式"。体验式教学重在亲历，时空观念的培养就是需要教师为学生提供多种实践的机会，从而帮助学生在真实的情境中感知历史，最终实

现历史知识的整合与更新，从而构建起一个动态灵活又贴合实际的历史时空。体验式教学最容易操作的便是帮助学生排练历史话剧。

创设情境式的体验教学目前比较容易开展的还有"历史穿越"模式，把课堂内容进行全新整合，通过一个历史人物的成长经历和见闻引导出课程内容，以人物故事情节作为过渡，把一节历史课变成一节穿越课，对于比较枯燥的政治措施效果比较好。这种课例最著名的要数夏辉辉老师的《卓尔不群的雅典》，通过虚拟一个人物"帕帕迪"的经历，把枯燥但又非常重要的古希腊城邦民主制的优劣展现得淋漓尽致。这类课例拉近了历史与学生之间的距离，学生参与度高，比较容易引导学生构建历史时空框架。

随着VR、AR技术引入课堂教学，在虚拟的历史环境中上课不再是奢望。随着淘宝推出了"BUY+"的VR平台，VR的效果进一步提升，让人有身临其境的感觉。那么，借助技术手段能否把上述"穿越式"创设情境的体验教学在现实生活中模拟出来呢？答案是肯定的。随着技术的进步，在不久的将来，学生戴着VR、AR眼镜在历史的情境中学习历史、理解时空、感悟历史，历史时空观念通过更加方便的技术途径构建。到那时候，历史课就会成为我们心目中震撼灵魂的课堂。

二、随堂检测中培养初中生历史时空观念的途径

1. 通过制作对比类型的年代尺，培养学生历史时空观念

年代尺是关于历史发展时间的刻度尺，学生通过制作年代尺，会很容易理解历史发展的时序性。但是传统的年代尺解决不了空间问题，于是笔者在随堂检测中引入对比型的年代尺，增加了中外在政治、经济、文化（思想）方面的对比，引导学生深入思考现象之后的根本动因，加深学生对历史时空理解，从而为历史时空观念的培养打下基础。

2. 通过画思维导图培养学生历史时空观念

历史课堂恢宏博大、内容繁多，学生非常容易遗漏重要的历史时空信息，抓不住课堂重点，不知道如何理解历史的时空，缺乏思维的指导。于是，笔者曾经尝试在七年级推广用思维导图取代作业的活动。这个活动首先需要花两节课教授学生如何画思维导图和传授基本的历史知识（如公元纪年、天干地支纪年），然后通过每一节历史课引导学生用思维导图展现该课的框架和历史

发展的时空脉络。一开始，学生基本不会画，都是模仿教师的板书，后来随着练习的增多，出现了一两名优秀的学生作品。于是，笔者把优秀的学生作品分享给全班学生，树立榜样。经过近一年的反复练习，到八年级的时候，学生思维导图优秀率已经超过70%，学生对历史时空理解加深，学起历史来也更加得心应手。

笔者认为，在历史课堂上，教师应综合运用学科思维习惯（如知识迁移、总结归纳、时序观念、空间观念）、教学工具（如教材、历史视频材料、时间轴）、教学方式（如对比与类比、创设情境体验式教学）和随堂检测等多种途径培养初中生的时空观念，以上各要素之间相互联系、相互影响，共同促进初中生历史时空观念的形成。当然，以上均为笔者的一些浅薄之见，还望各位专家、同仁多批评指正。

参考文献

［1］赵颖.《西洋史》对发展中学生历史核心素养的启示研究［D］.温州：温州大学，2017.

［2］陈雪敏.从选考看高中历史复习教学中的时空观［J］.教学与管理，2017（31）.

［3］张晓东.高中历史教学时空观的培养［D］.长春：东北师范大学，2013.

［4］孙新红.高中历史教学时空观念的培养［D］.聊城：聊城大学，2017.

［5］邵家豪.高中历史教学中发展"时空观念"核心素养的实践研究［D］.上海：华东师范大学，2017.

［6］蔡春.高中历史教学中时空观念的培养［D］.扬州：扬州大学，2017.

［7］孙蓉.高中历史教学中时空观念的培养问题研究［D］.天水：天水师范学院，2017.

［8］罗娇.高中历史教学中学生时空观念的培养研究［D］.成都：四川师范大学，2017.

［9］张静.论历史教学中学生历史核心素养的培养［J］.成才之路，2017（27）.

［10］王伟.基于核心素养之"时空观念"的培养——以北师大版的初中历史教材为例［J］.教育观察，2018（6）.

［11］郭梦羽.历史时空观念素养提升路径研究［D］.哈尔滨：哈尔滨师范大学，2017.

［12］曾红群.历史学科核心素养"时空观念"的定位与运用［J］.长春教育学院学报，2017（5）.

［13］袁婕.历史学科核心素养之时空观念的培养及策略［D］.温州：温州大学，2017.

［14］张俊青.时空观的历史关注与未来展望［J］.理论探索，2005（3）.

［15］臧楚.中学历史教学中时空观念的培养［D］.济南：山东师范大学，2017.

［16］杨海燕.中学历史教学中时空观念教学的实践研究［D］.南宁：广西民族大学，2017.

浅谈初中生历史时空观念的培养

河源市第二中学 彭君红

随着新课改的深入，中学历史教学越来越侧重于学生核心素养的培养。历史学科核心素养是指学生在学习历史过程中逐步形成的具有历史学科特征的必备品格和关键能力，是历史知识、能力和方法、情感态度和价值观等方面的综合表现，主要包括唯物史观，时空观念、史料实证、历史解释、家国情怀五个方面。时空观念是历史学科核心素养中重要的素养之一，是指在特定的时间联系和空间联系中对事物进行观察、分析的意识和思维方式。培养和发展学生的历史时空观念，使学生掌握史事发生、发展的具体时间和地理环境，使学生的历史思维能够在时空框架下运作，按照历史时间顺序和地理因素，构建历史事件、历史人物、历史现象之间的相互关联性，理解历史上的变迁、延续、发展、进步等意义，并对史事做出合理的解释，能够将认识的对象置于具体的时空条件下进行考察。

如何有效培养学生的历史时空观念呢？笔者认为可以从以下几方面进行培养。

一、利用时间轴，搭建历史时空框架

历史是"发生在过去的按一定时间顺序排列的事件"。历史学科的基础是时间，学习历史必须要有确切的时间观念。如果没有时间观念，学生在学习中就很容易遗忘或记忆混乱，也无法分析各个历史事件的内在联系。时间轴依据时间顺序把单方面或多方面的事件串联在一起，可以形象、直观地体现事件的来龙去脉，便于学生梳理纷繁复杂的知识点，认识历史发展的进程和内在联系。

以中图版历史八年级上册《红色政权的创建》一课为例，本课主要介绍了大革命失败后，毛泽东、朱德、周恩来等人领导创建红色政权的主要史实，

159

其中涉及的重大历史事件有八一南昌起义、秋收起义、井冈山革命根据地的创建、井冈山会师和在江西瑞金成立中国第一个红色中央政权。在讲授这一课时，教师可以使用多媒体出示时间轴，引导学生按时间顺序说出创建过程中的重大历史事件，建立时空观念，掌握红色政权创建的主要经过。

时间轴能够简洁明了地展示红色政权创建的时序性，既有利于学生理解和掌握事件始末，又有利于培养强化学生的历史时空观念，从而提高思考、解释历史的思辨能力。

二、利用大事年表，把握历史发展脉络

大事年表就是将诸多历史大事依时间先后顺序排列，把历史时间和历史事件有机地结合起来，以强化历史时间观念，更好地理解和掌握历史发展脉络，形成较为系统的、完整的历史知识体系。

如学习第二次世界大战时，由于二战涉及的事件多，学生易混淆事件发生的先后顺序，可把二战的内容按爆发、扩大、最大规模、转折、胜利的发展顺序完整地编制大事年表，帮助学生构建知识网络，提挈内容和要点，把握战争的发展脉络。

三、利用历史地图，把握事物发展概况

历史地图是历史教学重要的直观教具，生动、形象地展示历史，起到文字难以达到的效果，不仅可以对教材内容进行诠释和说明，还可以对教材起到补充作用。

在教学中充分运用各种历史地图，可以给学生直观的视觉感受，有助于学生形成明确的历史空间概念和空间思维能力，从而加强理解和记忆。比如，学习二战的诺曼底登陆这一内容时，可通过多媒体展示地图，让学生指出诺曼底的大概位置，然后动态显示诺曼底的位置和盟军登陆后与苏军配合作战，对德军形成东西夹击之势，加速德军的灭亡。利用动态图不仅能吸引学生的注意力，还有助于学生理解这一战役在反法西斯战争中的作用。如果离开地图，仅靠教师讲述，则很难让学生理解。

随着现代化教学手段的普及，历史地图将会更多地应用于历史教学，达到以图述史的效果，有效提高学生学习历史的兴趣和培养学生的时空观念。

四、运用表格法，加强知识类比

表格法就是利用表格来归纳整理教材知识，分类比较历史事物的一种方法。表格具有简明直观、条理清晰的特点，能够简化教材内容，构建完整的知识结构，帮助学生理解记忆。

如讲授《百家争鸣》这一课，教师在分别介绍了各学派的主要代表人物及思想主张后，就可采用表格法对课堂进行小结，把各大学派代表人物、代表作及主要思想用表格的形式罗列，将知识点整理综合，化繁为简，一目了然，便于学生理解记忆。再如复习有关近代化的探索这一目时，学生会因难以理解区别而出现知识混淆的现象。在教学中，教师可采用表格法，将洋务运动、戊戌变法、辛亥革命、新文化运动的背景、领导阶级、学习内容、影响等进行归纳、比较，帮助学生理解记忆，从而牢固掌握基础知识。

五、树立大历史观，关注历史时空交集

历史事件不是孤立存在的，而是纵横交错、相互联系的。在历史教学中，要树立大历史观，关注历史时空交集，加强历史之间的联系。

如世界史中，随着资产阶级革命和工业革命的完成，使欧美产生了巨大的社会变革，促进了资本主义的产生和发展。后来，由于资本主义发展的需要，资本主义强国开始殖民扩张，侵略势力广泛深入亚非拉地区，饱受压迫的亚非拉人民掀起了波澜壮阔的民族独立战争，如对中国发动了鸦片战争、甲午中日战争、八国联军侵华战争、日本侵华战争等。面对列强的入侵，中国人民开始了不屈不挠的抗争。通过联系，让学生掌握因果联系，形成完整的知识体系，开阔思维，以更好地理解历史，掌握历史知识。

总之，掌握时空观念是学生学好历史最基本的要求，也是提高知识综合能力的基本途径。因此，在教学过程中，教师必须认真做好学生时空观念的培养。

参考文献

[1] 马建堂.历史教学中"时空观"的培养策略 [J].北方文学（中旬刊），2013（4）.

[2] 艾宛虹.浅谈历史核心素养之时空观念在课堂教学中的运用 [J].中学历史教学，2017（5）.

[3] 王伟.基于核心素养之"时空观念"的培养——以北师大版的初中历史教材为例 [J].教育观察，2018（6）.

初中历史时空观念教学策略初探

——以《俄国的改革》为例

汕尾市华南师大附中汕尾学校　李相楠

　　培养学生的历史时空观念，是初中历史教学的一个方向。2017年最新修订的《普通高中历史课程标准》对培养学生时空观提出的要求："知道特定的史事是与特定的时间和空间相联系的；知道划分历史时间与空间的多种方式，并能够运用这些方式叙述过去；能够按照时间顺序和空间要素构建历史事件、历史人物、历史现象之间的相互关联；能够在不同的时空框架下对史事做出合理解释；在认识现实社会时，能够将认识的对象置于具体的时空条件下进行考察。"初中生的知识储备有限，身心特点也与高中生不一样，所以在初中的历史课堂上，教师要在营造氛围上多下功夫。时空观念是一种认识历史的方式，需要学生有一种宏观意识，能够从一定的高度对历史进行解读。这就要求教师帮助学生构建时空体系，设置时空陷阱，引导学生用时空观思考问题。下面以《俄国的改革》一课为例，初探初中历史课堂时空观念教学策略。

一、关键词导入

　　课堂之初，教师列出"文艺复兴""新航路开辟""资产阶级革命""工业革命""马克思主义"这几个关键词，引导学生理解这几个词的内在联系，并将这些词串联起来。通过这种方式，学生很快回顾了整个资本主义的产生和发展过程，进而自主构建了以"资本主义"为关键词的时空体系。当教师将"俄国的改革"作为整个资本主义发展链条上的一环嵌入到这个体系中时，学生很容易理解新课的地位，即俄国的1861年改革是近代国家确立资本主义政治制度的另一种方式，和资产阶级革命一样，都是资本主义发展史中的政治线索。

不同的关键词代表着不同的历史事件，而这些历史事件都有着不同的时代背景。学生在串联这些词时，很容易有一个时间轴的概念。如果再在每个关键词下面配上历史图片，将会唤起学生的历史记忆，迅速进入到历史情境中。比如，"文艺复兴"配上油画《蒙娜丽莎》，马上能让学生进入到人文主义的时代中去。

不同历史事件发生的地点也不同。如"文艺复兴"的发源地在意大利，"新航路开辟"的起点在西班牙和葡萄牙，"资产阶级革命"在英国、法国、美国。不同空间的历史事件被"资本主义"串联了起来，让学生明白了资本主义是近代世界的潮流，资本主义的痕迹遍布世界各地，不是某一个或几个国家的特例。而且，欧洲是潮流的领导者。教师还可以更进一步引导学生讨论：为什么资本主义在欧洲可以发展起来，在中匡却不行？这就把中外的历史联系起来，实现了更高层次的空间对话。

不同历史事件之间有时是有联系的，教师可以引导学生用"蝴蝶效应"的思考方式来串联这些历史事件。如文艺复兴解放了人们的思想，人们鼓励冒险探索，实现个人价值，这就为新航路开辟准备了思想条件；新航路开辟将世界连在了一起，开启了殖民掠夺的浪潮，这就实现了"血淋淋的资本原始积累"，工业革命才有可能发生，资产阶级才有实力发动革命，夺取政权；而工业革命的发展又暴露了资本主义的弊端，马克思主义才会应运而生。

这种导入设计也让学生在无形中知道了划分历史时间与空间的多种方式。比如说，可以根据简单的时间先后顺序或地点的不同归纳历史事件，也可以根据某一历史关键词划分。如本课就是根据资本主义发展史这一主题，重新将历史事件归纳，虽然这在一定程度上打乱了时间、地点，但对于掌握资本主义发展史是很有帮助的。如法国大革命和英国工业革命大致是同一时期的事件，但被归入了两个不同的关键词里；英国工业革命和资产阶级革命同是英国的历史事件，也划入了不同的关键词里。这种划分历史时空的不同方式更有利于学生掌握历史的发展脉络。

二、提炼历史线索

将俄国领土变迁作为线索，串起俄国历史上两次重要的改革——彼得一世改革和亚历山大二世改革，意在让学生明白俄国的改革是伴随着领土的扩展、时代的进步进行的。通过俄国版图和时间节点的变化，学生自然而然地运用时空观去思考问题。

教师可以在展开俄国历史线索的时候，指导学生讨论每个历史时期俄国做出的选择与时局的关系。时代不一样，俄国面临的形势就不一样。如俄国的农奴制由来已久，为什么是亚历山大二世时才废奴，而不是彼得一世时呢？彼得一世的改革和亚历山大二世的改革都带有局限性，这局限性能避免吗？通过讨论，学生就会养成结合时代背景评价历史事件的习惯。而同时代，俄国与其他国家相比，也有自己的独特性。如《尼布楚条约》与《权利法案》是在同一年签订的，俄国选择对外扩张，英国却选择了对内革命。一个继续君主专制道路，一个率先开始了君主立宪制，为什么会有这种不同呢？英、法、美都是通过革命的方式走上资本主义道路，为什么俄国要选择改革呢？通过这一系列的课堂设计，学生就会明白评价历史事件或人物要结合时代背景和地理环境。

在俄国的发展史中，我们可以适当引导学生关注俄国与其他国家的交集，培养学生横向比较历史的意识。如早期的俄国臣服于蒙古，这就可以与中国元朝的历史联系在一起。伊凡四世在位期间始称沙皇，这又跟罗马帝国的分裂、灭亡是有联系的。摆脱蒙古控制后，俄国在扩张道路上又遇到了中国的康熙皇帝，与清朝签订了著名的《尼布楚条约》，而当时的俄国沙皇就是彼得大帝，自然而然地引出彼得一世改革。亚历山大一世在位期间，打败了拿破仑的入侵，成为欧洲的救世主，声望一时无两，而拿破仑也就此走了下坡路。尼古拉一世在位时发动了克里米亚战争，也趁第二次鸦片战争的机会侵占了中国大片领土；当年《尼布楚条约》里规定的中国领土——库页岛，此时划归了俄国。俄国农奴制改革时，美国也通过内战废除了黑奴制。

彼得一世改革只学习西方先进的技术，这跟中国的洋务运动很像；亚历山大二世的改革自上而下进行，又可以和中国的维新变法对比。教师可以引导学生对比中俄两国的近代化历程。学生已经学习过中国史，此时再将中俄两国相似的历史事件进行对比，会加深学生的印象，既培养了学生分析历史事件的能力，也让学生在学习以后的世界历史时自觉地进行中外对比，这就树立了历史时空观念。

纵观俄国的发展史，教师最后可以点出：俄国的文化，是在东西方之间摇摆的，正如它的领土横跨欧亚大陆一样。从对蒙古的臣服、自称东罗马帝国的继承者，到彼得一世改革、1861年改革，俄国逐渐由东方文化向西方文化转变，顺应了世界资本主义发展的潮流。

彼得一世和亚历山大之间跨度大，俄国的处境也不一样，不联系起来，学生容易有割裂感。亚历山大二世和其他沙皇一起，就像接力赛一样，使俄国发展起来，而亚历山大二世这一棒缩短了俄国同世界的距离。

初中历史课堂要有趣味性，如何在趣味中帮助学生树立时空观，这是每位教师需要思考的问题。本文以《俄国的改革》一课为例，对初中历史课堂时空观念教学策略做出了一点探索，希望能在课堂教学中起到一点作用。

参考文献

［1］中华人民共和国教育部.普通高中历史课程标准（2017年版）［S］.北京：人民教育出版社，2017.

［2］朱汉国.北师大版九年级上册历史［M］.北京：北京师范大学出版社，2016.

下 篇

教学设计

《甲午中日战争》教学设计

深圳市福田区翰林实验学校　陈昔安

一、教学目标

表3-1　素养类别与目标

素养类别	目标
时空观念	1. 运用地图、史料，从当时的国际环境中认识到甲午中日战争的时空背景，概述甲午中日战争的经过与结局 2. 运用情境、图表、思维导图、史料、故事、案例等多种教学策略，构建时空框架，勾连时空关系，分析时空尺度，提升时空观念核心素养
史料实证	分析史料，比较《南京条约》和《马关条约》的内容，认识《马关条约》大大加深了中国半殖民地化的程度，提高综合分析问题的能力和史料实证核心素养
历史解释	1. 解读视频，分析史料，理解"大陆政策"背景，掌握甲午中日战争的名称来由及概况 2. 分析图片和史料，掌握《马关条约》具体内容
唯物史观	1. 从闭关自守的对外政策与自给自足的自然经济中，认识经济基础对近代中国历史发展的影响 2. 客观分析甲午中日战争的时代背景及中国战败的必然性
家国情怀	1. 学习邓世昌等爱国官兵进行英勇顽强的反侵略斗争事迹，增强爱国的热情 2. 反思清政府的腐朽没落、妥协退让和军备松弛落后以及甲午中日战争的惨败，激发学习动力 3. 台湾自古以来就是我国领土不可分割的一部分，树立维护国家统一的思想

二、教学重点与难点

1. 教学重点

黄海大战、《马关条约》。

2. 教学难点

甲午中日战争的性质、中国失败的原因和《马关条约》的影响。

三、教学过程

（一）课前预习、课前订正

学生预习课本，初步了解甲午中日战争的背景、经过、结果、影响，填空完成任务，识记。

（1）_____年，_____为实现征服朝鲜、侵略中国、称霸世界的梦想，发动_____。

（2）_____年9月，中国政府北洋舰队在黄海遭遇日本舰队袭击，"致远舰"管带_____率舰迎战并壮烈牺牲。甲午中日战争中，日本在_____对中国居民进行野蛮的大屠杀。_____战役后，北洋舰队全军覆没。

（3）_____年，_____和_____在日本马关签订_____。条约内容：①清政府割辽东半岛、_____、澎湖列岛给日本；②赔偿日本兵费白银_____；③_____；④允许日本在通商口岸_____。条约影响：《马关条约》的签订_____。

（二）教学过程

1. 课堂导入

播放视频《"致远舰"沉睡海底百年》，导入新课。

设计意图： 采用播放历史考古视频《"致远舰"沉睡海底百年》，创设情境，视频展示了沉船"致远舰"的地理位置，进行地理空间定位，然后将考古活动拉回到125年前的甲午中日战争，增加历史悬念感，时间和空间的搭建，激发了学生对历史事件的探索热情。

2. 甲午之危

日本推行"大陆政策"。

设计意图： 介绍日本推行"大陆政策"，采用历史地图教学，会更直观地展示日本对外侵略扩张的路线和野心，对日本发动"甲午中日战争"的原因也更容易理解。

日本：节省开支扩充军费等。

中国：挪用军费建颐和园等。

设计意图：分别以"日本方面""清朝方面"提供"甲午中日战争"历史背景的史料，学生借助史料深入分析"甲午之危"的"危"之所在。

3. 甲午之战

表3-2　小组活动——异质分组完成

战　役	经　过	结　果
平壤战役		
黄海海战		
辽东战役		
威海卫战役		

设计意图："甲午之战"比较表，列举了甲午中日战争中重要战役的基本史实，既培养了学生收集、整理、归纳问题的能力，又直观、生动地展现了历史事件，间接感知具体历史事实。

另外，此环节提供"丰岛海战""平壤战役""黄海海战""辽东战役""威海卫战役"等丰富翔实的史料；在"课外延伸"环节，设计制作手抄报《甲午风云》，要求学生收集甲午中日战争资料（文字资料、图片及说明、人物及介绍）。通过提供和收集史料，帮助学生以更广阔的视野认识甲午中日战争的史实，充实已经搭建的时空框架。

笔者讲述旅顺大屠杀的历史故事，让学生们陷入了悲痛之中，大家都知道南京大屠杀让人痛心疾首，却不知旅顺大屠杀更加惨绝人寰，这样大大加深了学生对甲午中日战争的认识。

4. 甲午之殇

表3-3　甲午中日战争结果：签订中日《马关条约》

类　别	《南京条约》	《马关条约》	影响及危害
	内　容	内　容	
割地	割香港岛给英国	割辽东半岛、台湾全岛及所有附属各岛屿、澎湖列岛给日本	割地增多
赔款	赔款2 100万银元	赔偿日本兵费白银2亿两	赔款增加
开放口岸	开放广州、福州、厦门、宁波、上海五处为通商口岸	开放沙市、重庆、苏州、杭州为商埠	通商口岸深入到中国内地
设立工厂	/	允许日本在通商口岸开设工厂	设厂新增

设计意图：比较表列举了《马关条约》《南京条约》的基本史实，结合"开放口岸"链接的历史地图，直观形象地展现了《马关条约》的影响及危害之大、之深。

小组讨论：

（1）甲午战争给中国带来什么危害？

与《南京条约》相比，《马关条约》大大加深了中国半殖民地化程度。

（2）对日本有什么影响？

促进日本资本主义迅速发展，成为军国主义强国，增强了侵略扩张实力。

（3）对其他帝国主义国家的影响。

① 刺激列强瓜分中国的野心。

② 帝国主义列强在远东的争夺更加激烈。

5. 中国人民的抗争

台湾地区人民：刘永福、徐骧。

电影：《赛德克·巴莱》（图片）

设计意图：笔者讲述了民族英雄徐骧的抗争故事。《马关条约》签订的消息传来，全国人民愤慨谴责清政府投降卖国的行径，台湾人民鸣锣罢市，集会示威，发誓"愿人人战死而失台，绝不愿拱手而让台"。在抗击日本侵略者的斗争中，涌现了徐骧等一批英勇抗争的英雄儿女，并给日军以沉重打击。笔者还推荐学生课后观看电影《赛德克·巴莱》等，多了解一些中国人民反抗日本殖民统治的英雄事迹。笔者通过故事教学，穿越时空环境，激发了学生的历史学习兴趣，帮助学生更深刻理解史实，还原历史真相。

6. 甲午之思

（独立思考——小组讨论）

甲午中日战争以中国北洋舰队全军覆没、日本海军大获全胜告终。为什么在当时号称亚洲第一、世界第六的北洋舰队如此不堪一击呢？中国在甲午战争中一败涂地的原因是什么呢？

（1）清政府的腐败无能。（根本原因、主要原因）

（2）由于李鸿章的"避战自保"、妥协退让而贻误战机，导致中国军队一败再败。

（3）中国军队装备落后，军备不足。

（4）部分官兵临阵逃脱。

7. 拓展提升

（1）视频中的"致远舰"打捞出水在即，假如出水后由你来安排利用，你将如何利用它？

设计意图：对于这样一个案例，一下子点燃了学生的激情，把"时间"拉回到黄海海战，拉回到甲午中日战争，拉回到腐败落后的清朝统治。学生结合"致远舰"出水后存放的地理空间条件，以及现实的教育和社会环境的需要，纷纷发表自己的观点和设想。如此，学生真正成了教学活动的主体，并营造了合作、探究学习的开放型学习氛围，时空尺度会尽可能得到拉伸，学生的家国情怀核心素养也得到提升。

（2）甲午中日战争已经过去125年，我们应该如何看待那场战争？对今天的中国、日本有什么启示？作为新时代的青少年，应该如何展望未来（如何做）？

设计意图：通过这一情境的创设，把学生从125年前的甲午中日战争拉回到现代，对现实问题进行思考，让学生思考现实的世界环境、中日关系，不仅做到以史鉴今、学以致用，更是增强了学生的责任感、使命感和家国情怀。

① A.是日本对中国发动的侵略战争；B.给中国人民带来巨大灾难；C.落后就会陷入被动，被动就会挨打。

② 中国：A.借鉴日本抓住历史机遇实现民族崛起的经验，抓住目前改革开放的机遇；B.以日为师，学习日本和西方先进的科技、文化和管理经验。

日本：以史为鉴，走和平发展之路，加强友好合作，坦诚交流。

③ 青少年要牢记历史，热爱祖国，好好学习科学文化知识，为中国之崛起而努力。

8. 课外延伸

第1、2小组完成作业1；第3、4小组完成作业2；第5、6小组完成作业3。

（1）完成思维导图"甲午中日战争"。

要求：知识横向、纵向的梳理与联系；形式与内容的多样性等。

设计意图：完成思维导图"甲午中日战争"，要求学生通过形式与内容的多样性，将历史知识进行横向、纵向的梳理与联系。学生将学习内容与历史图表结合起来，通过知识内容的梳理、历史图表的绘制，能有效培养时空意识，将史实进行横向、纵向归纳，构建时空框架，有效避免了因课文内容编排造成的时空混乱问题。

（2）完成手抄报《甲午风云》。

要求：收集甲午中日战争资料，文字资料、图片及说明、人物及介绍、表格资料均可，注意资料的准确性，注明资料来源。

（3）撰写历史感想《梦回甲午》或《甲午海战检讨书》。

要求：结合所学，结合历史，500字以上。

设计意图：结合历史及所学撰写历史感想《梦回甲午》或《甲午海战检讨书》。该情境的创设进一步引导学生思考，既是对本课学习进行总结，亦是增强学生对甲午中日战争更深层次的思考。

9. 知识梳理（板书设计）

甲午中日战争

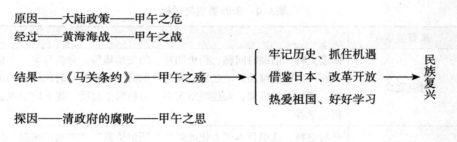

原因——大陆政策——甲午之危

经过——黄海海战——甲午之战

结果——《马关条约》——甲午之殇 ——→ ⎰ 牢记历史、抓住机遇 ⎱ 民族复兴
　　　　　　　　　　　　　　　　　　借鉴日本、改革开放 ——→
　　　　　　　　　　　　　　　　　⎰ 热爱祖国、好好学习 ⎱

探因——清政府的腐败——甲午之思

《大潮涌动和风起》教学设计

——日本历史上重大改革与振兴（专题复习课）

深圳市福田区翰林实验学校　陈昔安

一、教学目标

表3-4　素养类别与目标

素养类别	目标
时空观念	研读史料，借助时间轴、历史图片、历史情境等，分析日本"大化改新""明治维新""二战后崛起"的时空背景及与时代潮流的关联，搭建时空框架，勾连时空关系，分析时空尺度，提升时空观念核心素养
史料实证	分析史料，认识日本"大化改新""明治维新""二战后崛起"的原因及时代背景，提高综合分析问题的能力和史料实证核心素养
历史解释	进行知识梳理，理解日本"大化改新""明治维新""二战后崛起"的背景，掌握改革与振兴的具体内容
唯物史观	改革是推动社会发展的动力，认识中国进行的改革开放是正确选择及进一步深化改革学习外国先进经验的必要性
家国情怀	1. 参与小组讨论、探究，提高学习的合作意识 2. 通过中、日历史发展的对比和反思，增强中华民族伟大复兴的使命感和责任心，增强爱国情怀

二、教学重点与难点

1. 教学重点

分析日本重大改革与振兴的时代背景、影响，认识到日本大和民族是一个把握历史机遇、善于学习借鉴、不断改革创新的民族，提高学习日本先进科技文化的意识。

2. 教学难点

正确分析时代大潮与日本历史上的重大改革与振兴的关联；日本历史上的重大改革与振兴对中华民族实现伟大复兴之路的启示。

三、教学准备

教师：教学设计、课件、导学案等。

学生：完成《导学案》课前部分（思维导图）。

四、教学过程

（一）导 入

（课前播放学生熟知的日本文化元素音乐）

猜一猜：展示"京都建筑平面图""舞会"两张历史图片和一段史料，让学生体会日本不同历史时期向外学习的情景，激发学生学习日本历史上重大改革与振兴历史知识的兴趣。

列举史料：日本是群岛国家，与亚洲大陆最近的距离也有大约100英里，所以它长期以来一直孤处一隅，孕育了自己特有的传统和文化……日本能够非常灵活地调整国家政策以适应它认定的国家战略需要。

——基辛格《世界秩序中的日本力量》

设问：你能举出哪些日本历史上"灵活地调整国家政策"的史实？

（二）活动一：知识梳理

学生课前完成导学案中的思维导图"日本历史上的重大改革与振兴"（日本古代"大化改新"、近代"明治维新"、"二战后崛起"的知识梳理）。

课堂中进行基础知识的梳理，订正、完善思维导图中的知识内容。

（三）活动二：合作探究

任务一：阅读导学案中提供的材料，分析日本"大化改新"的时代背景。

材料一：唐代对外文化开放具有"大出大进"的特点。所谓"大出"是指唐代文化富有魅力，广泛影响到周边国家和地区……周边国家对于唐代文化的认同，提升了唐朝在国际上的地位，也保障了唐朝的国家安全。

——张国刚《唐代开放与兴盛的当代思考》

材料二：接纳外国留学生来唐学习，是唐的基本国策。据史书记载，在唐朝的留学生中，新罗人最多……在朝鲜半岛，高句丽、百济和新罗三国相继改革政治体制，加强集权化……处在奴隶制向封建制过渡的日本，对大唐昌盛的文化和物质文明极为赞赏、向往，于是不断派出遣唐使、留学生，学问僧……646年，日本开始仿照中国唐朝的政治制度，实行了大化改新。

——《唐朝的对外关系》

材料三：东亚政治形势的变化给日本带来巨大压力……从6世纪开始，大和国的各种社会矛盾日益尖锐：一方面，随着铁制农具的普遍使用，农业生产力显著提高，然而，贵族的私有部民制却成为社会进步的巨大障碍……另一方面，皇室与贵族之间为争夺土地和部民产生的矛盾日益尖锐。

——吴于廑、齐世荣主编《世界史·古代史》

小结：7世纪中期，正值中国盛唐时期，在唐朝文化的影响下，东亚进入了一个封建化的浪潮时期。日本的"大化改新"正是顺应了这一时代潮流，主动学习唐朝先进文化，从而推动日本由奴隶社会过渡到封建社会，促进古代日本的进步与发展。

时代浪潮：7世纪前后东亚封建化浪潮。

设计意图：通过材料分析，理解日本"大化改新"是7世纪前后东亚封建化浪潮下的时间、空间背景。

任务二：结合材料与所学知识，分析日本"明治维新"的时代背景。

材料一：从17世纪开始，德川幕府确立了"锁国体制"。对外商业活动受到严格控制……只许同中国、朝鲜、荷兰等国通商……从此，日本成为一个闭关自守的国家，同外部世界自我隔绝起来……而此时，日本国内资本主义生产关系开始萌芽，但幕府统治严重阻碍资本主义经济发展。

——《大国崛起》

材料二：

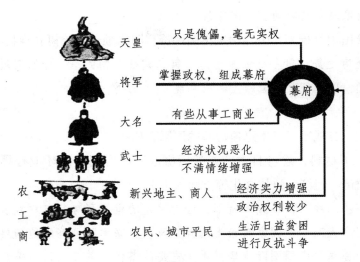

图3-1

材料三：1853年，美国派出海军准将佩里率领四艘全副武装的黑色大船闯入了日本横须贺港，史称"黑船事件"。1854年，日本被迫签订了史上第一个不平等条约《日美亲善条约》……和当时许多亚洲国家一样，开港之后的日本迅速成为西方商品的倾销市场和廉价原料的供应地。仅仅半年，日本黄金外流100万，国内经济萧条，民怨四起。

——《大国崛起》

小结：19世纪中期，日本因幕府长期闭关锁国而封建落后。随着西方殖民者的入侵，日本面临沦为殖民地的危机。内忧外患下，以中下级武士为主力的有识之士们在痛恨西方入侵的同时，被西方先进文明所折服，开展倒幕运动，力主向西方学习，全面改造日本社会，实现了"富国强兵"，走上资本主义的发展道路，摆脱了沦为西方殖民地、半殖民地的危机。而此时的西方各国在工业革命的大力推动下，进入资本主义工业化时期。很明显，日本的"明治维新"抓住了这股进步的潮流，主动地参与到潮流中，实现了国家的跨跃。

出示吉田松阴的话，引导学生了解日本"明治维新"改革派的决心和勇气。

三千年来独立不羁之大日本，一旦受人羁缚，有血性者岂能忍视之乎？

——吉田松阴

时代浪潮：19世纪后期世界资本主义工业化浪潮。

设计意图：通过材料分析，理解日本"明治维新"是19世纪后期世界资本主义工业化浪潮下的时间、空间背景。

出示《田中奏折》，引导学生正确评价"明治维新"，树立唯物史观。

明治大帝之策，第一期征服台湾，第二期征服朝鲜等，皆已实现，惟第三期之灭满蒙，以便征服中国领土尚未实现。

——《田中奏折》

任务三：二战后，日本迅速崛起的原因有哪些？

结合以下材料，思考日本"二战后崛起"的有利外部环境有哪些？（提示：可从政治、经济、科技文化等方面入手）

材料一：二战后，冷战对峙下，相对稳定的世界形势是日本经济腾飞的外部保障，而广大亚非拉国家政治上的独立及其振兴本国经济的迫切要求，为日本获取廉价资源和广阔国际市场提供了充足的条件。美日同盟、美国对日政策的改变也是日本经济迅速发展的一个关键因素。

——《战后日本经济发展》

材料二：第二次世界大战结束后，战时军用技术迅速转为民用，促进了第三次科技革命在世界范围的产生与扩展，科学技术转化为生产力的步伐在不断加快。

材料三：第三次科技革命推动了社会生产力空前发展，进一步引起世界经济结构及经济格局的变化。新型交通运输和信息技术的迅速发展，为全球范围的经济活动提供了便利条件。

小结：二战后，日本在美国的主导下进行了非军事化及民主化改革；冷战开始后，美国开始扶植日本；朝鲜战争爆发后，美国对日本的军事订购刺激了日本经济的复苏。此时，新一轮的科技革命正广泛开展，经济全球化趋势不断加强，日本政府充分利用这一有利的外部环境，积极引进新科技、新技术，重视人才培养，重视创新能力，制定了切合实际的经济政策，迅速崛起，实现了战后经济的振兴。1968年，日本成为资本主义世界第二大经济体。

时代浪潮：二战后新科技革命和经济全球化浪潮。

设计意图：通过材料分析，理解日本"二战后崛起"是在二战后和平与发展大环境下，新科技革命和经济全球化浪潮下的时间、空间背景。

说一说：出示文字材料，说说二战后日本经济发展后社会中出现的新现

象。（否认历史、篡改历史；右翼军国主义抬头；谋求政治大国）

思维延伸：根据所学，请你总结日本历史上三次振兴的共同点有哪些？

总结：日本历史上的三次振兴都表现为顺应了时代进步潮流，抓住历史机遇；积极学习借鉴当时世界上先进的文化；及时调整政策，勇于改革创新。

（四）课堂总结与反思

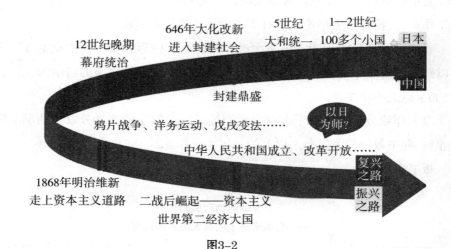

图3-2

设计意图：通过时间轴即年代尺，直观感受中国与日本历史发展进程中的对比，引发反思，激发新时代为中华民族伟大复兴的决心和勇气。

（五）活动三：思维延伸

谈一谈：今天，我们在实现中华民族伟大复兴的"中国梦"进程中，可以从日本历史上的重大改革与振兴历程中汲取哪些成功的经验教训（启示）？

（1）要高举习近平总书记新时代中国特色社会主义思想，深化改革开放。

（2）要顺应潮流，抓住机遇，积极学习外国的先进科技文化。

（3）要重视科技创新，重视发展教育，重视人才培养。

（4）要积极维护世界和平，走和平发展之路。

（5）要走可持续发展之路。

……

（六）活动四：能力提升

结合日本"大化改新""明治维新""二战后崛起"和中国"洋务运

动""戊戌变法"知识内容及所学,请提取一个观点进行论述。(要求:观点明确,史论结合,条理清楚)

（七）拓展延伸

作业1:完成手抄报《日本历史上的重大改革与振兴》。

要求:收集日本"明治维新"资料,文字资料、图片及说明、人物及介绍、表格资料均可,注意资料的准确性,注明资料来源。

作业2:撰写历史小论文《日本老师》(亦可自定题目)。

要求:结合日本历史上的重大改革与振兴的内容和所学,以史鉴今,根据学以致用的历史学习方法,以对中国实现中华民族复兴之路的启示为主题,撰写500字以上小论文。

以上作业分层完成,下节课展示交流。期中教学检测70分以下的学生完成作业1;期中教学检测70分及以上的学生完成作业2。

板书设计:

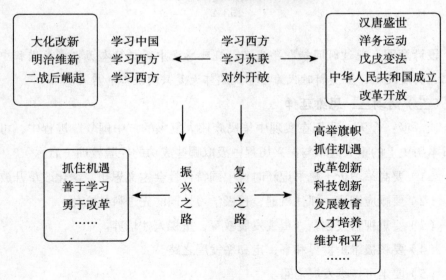

《世界政治格局的多极化趋势》教学设计

——基于历史时空观念的情境教学实践

深圳市盐田区外国语学校　董　辉

一、课前部分——教学准备

（一）教材分析

1. 课标要求

以科索沃战争等历史事件为例，了解世界政治格局的多极化趋势。

2. 地位作用

本课在学习完"冷战中的对峙"的基础之上，以冷战结束为起点，着重讲述当今世界一超多强，朝多极化趋势发展的基本脉络。

（二）学情分析

由于快节奏的生活方式和相对匮乏的文化氛围，学生了解历史的途径要么是影视作品，要么是"恶搞与戏说历史"，缺乏正规人文素材的熏染与滋养，很难在这个浮躁的社会中心平气和地阅读正途史料。因此，教师既需要为学生提供能"正说历史"的史料，又需要通过一定的时空素材和史料实证，让学生乐于、勤于接受这些史料。

（三）核心素养与教学目标

表3–5　素养类别与学习目标

素养类别	学习目标
时空观念	通过年代秀方式，以联系的视角来分析变化中的力量格局；通过时空地图，结合时事多角度分析多极化趋势所产生的影响
史料实证	创设情境，通过实例来表现国际政治格局正走向多极化，归纳多极化趋势在曲折中发展的重要表现

素养类别	学习目标
历史解释	了解世界格局多极化趋势出现的背景与原因；列举"一超多强"；知道科索沃战争；简要分析"一超多强"之间的相互关系和影响
唯物史观	通过思考和探究两极格局结束后，世界格局向多极化发展的根源，培养学生运用政治和经济的辩证联系分析问题的能力
家国情怀	使学生认识维护世界和平任重道远，树立为世界和平与发展而努力的家国情怀

（四）教学重点与难点

1. 教学重点

两极格局结束后世界形势的多极化趋势。

2. 教学难点

理解世界格局多极化的原因。

（五）教法与学法

本课采取情境体验式教学法，利用时事材料创设历史情境，让学生走进历史、感悟历史、论从史出，让枯燥的历史知识鲜活生动。

二、课堂部分——教学实施

（一）创设情境，导入新课

网上曾有一个段子很火，叫《假如世界是一个班级》。有才的段子手给美、俄、中、英等国按照现在的世界政治格局分别安排了班长、副班长、团支书、纪律委员等班干部职位。

1991年，一面红旗落地，宣告一个超级大国——苏联的解体。东欧剧变，苏联解体，标志着两极格局不复存在。面对这种情形，当今的世界格局将去往何方？会发生怎样的变化？这种变化对中国又会产生什么影响？带着这些问题，今天就让我们一起来学习第21课《冷战后的世界格局多极化趋势》。

设计思路：通过网络段子的引入，生动活泼地引出本课的主题，拉近学生与历史的距离，使学生身临其境地感受到一切历史都是当代史。

（二）师生互动，学习新知

环节一：知识准备，感知教材

1. 课题释义

（1）"世界政治格局"—— 一定时期内国际力量对比所形成的相对稳定的政治结构或体系。

（2）"极"——指综合国力强、对国际事务影响大的国家或国家集团。

（3）"多极化"——指世界上出现了多极并存的发展趋势。

2. 自学预习，先学后教

（1）请完成《与名师同行》第59页知识梳理，根据导学案提示将课文关键点画上圈，重点句子画上线。

（2）用红笔自批，看谁完成得又快又好。

（3）提前完成的学生思考：世界格局多极化的原因及表现。

环节二：自学反馈，识记要点

（1）两极格局结束后，世界政治格局暂时形成了"_____"的局面。"一超"是指_____，"多强"是指_____、_____、_____和_____等国家和国家联盟。

（2）美国在两极格局结束后试图建立美国主导的_____世界政治格局。

（3）_____和_____已经成为当今时代的主题。世界政治格局朝着_____方向发展。在新的世界政治格局形成过程中，_____越来越具有决定性的作用。

设计思路：课前自学、先学后教是我校课堂文化建设的特色之一。通过学生课前的自主合作探究学习，把课堂还给学生，也让他们在宏观上对本课的重点内容"世界格局多极化趋势"有了大致的了解，从而为下阶段的学习做好准备。

环节三：情境体验，合作探究

聚焦2016年美国大选——单极or多极？

展示：希拉里竞选演说："我很自豪，我们支持北约各盟国战胜他们面临的各种威胁，包括来自核武器大国俄罗斯的威胁。""不要让任何人告诉你我们的国家是软弱的，我们不是。不要让任何人告诉你我们没有成功的条件，我们有。"

展示：2014年世界各国综合国力和经济实力排行榜。

问题：从希拉里的演讲中，你感受到美国的什么气势？请结合"2014年世界各国综合国力和经济实力排行榜"，谈谈美国为什么能有这样的气势。

归纳总结：美国是唯一的超级大国，拥有强大的综合国力。

活动：年代秀——变化中的力量格局。

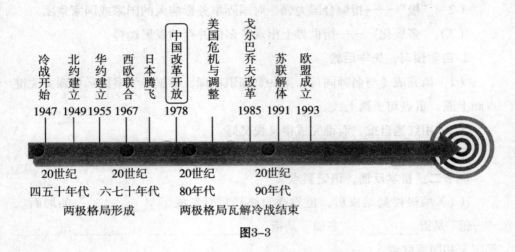

图3-3

活动总结："变化中的力量格局"有哪些力量？

归纳：美国是唯一的超级大国，以强大的经济、军事实力试图领导世界；欧盟作为世界最大的经济体，在全球事务中的影响越来越大；日本是世界第二资本主义经济大国，并向成为世界政治和军事大国的方向努力；中国是世界第二经济大国，自改革开放以来，经济建设取得了举世瞩目的成就；俄罗斯走出低谷，致力于振兴经济和恢复大国地位。

归纳总结：欧盟、日本、中国和俄罗斯等国家和国家联盟的实力不断增强，成为牵制美国称霸世界、促进世界格局多极化的重要力量。

体验总结：目前世界政治格局的特点和趋势：特点为"一超多强"，"一超"为美国，"多强"是欧盟、日本、俄罗斯、中国，趋势为朝着多极化方向发展。

讨论：当今世界的格局是——单极or多极？

总结：世界多极化只是一种趋势，并没有形成世界多极化格局。

展示："和平与发展已成为当今时代的主题，世界格局正在走向多极化，

争取较长时期的国际和平环境是可能的。"——江泽民

问题："变化中的力量格局"有什么共同的"力量"？

归纳总结：新的世界格局形成中起决定性作用的因素是经济实力。

设计思路：根据"最近发展区域"理论，抓住学生的兴趣点，对史料进行合理的情境设置。通过年代秀方式，以联系的视角来分析变化中的力量格局。

（三）巩固提升，拓展延伸

关注科索沃战争与英国脱欧——机遇or挑战？

展示：世界地图（列举：科索沃战争、欧洲连环恐怖袭击、巴以冲突、"伊斯兰国"、叙利亚内战、印巴冲突、伊拉克战争、9·11恐怖袭击）。

问题：威胁当今世界安全的因素有哪些？

归纳总结：地区冲突；民族矛盾与宗教纷争；恐怖主义；霸权主义。

活动：另眼看多极化——科索沃战争。

展示：1999年，以美国为首的北约打着"人权高于主权"的幌子，对南斯拉夫联盟共和国进行了持续78天的轰炸。1999年5月8日，北约轰炸中国驻南联盟大使馆，侵犯中国主权。

归纳总结：科索沃战争是美国对世界多极化趋势的挑战。

活动：另眼看多极化——聚焦2016年英国脱欧。

展示：2016年6月24日，英国就是否留在欧盟举行全民公投，投票结果显示支持"脱欧"的票数以微弱优势战胜"留欧"票数，英国或将最终与欧盟分手。

讨论：小组讨论英国脱欧将会对世界政治格局多极化趋势带来哪些可能性的影响？

归纳总结：

（1）欧盟作为国际格局中的一极将被削弱，世界多极化进程严重受挫。

（2）脱欧被其他国家所效仿，欧盟将解散。

（3）欧盟内部将更加团结，对外步伐将更趋一致。

（4）英国将凭借其经济和政治影响力作为国际格局中独立的一极出现。

（5）英国将丧失欧盟利益，逐渐被孤立和衰退，彻底沦为二流国家。

归纳总结：世界多极化进程中各方力量此消彼长，世界政治格局的形成有很多不确定性。

体验总结：科索沃战争和英国脱欧事件共同说明了什么问题？

总结：世界多极化趋势将是长期的、曲折的斗争过程。

讨论：中国声音：如何推动多极化发展并成为重要的一极？

归纳总结：

（1）坚决反对霸权主义、强权政治。

（2）坚持改革开放，努力发展经济，增强我国的综合国力。

（3）用和平的方式解决国际争端，走和平发展的道路。

设计思路：通过时空地图，结合时事多角度分析多极化趋势所产生的影响，增强了史料的科学性与说服力，也树立起学生的全球史观。

三、课后部分——教学后记

1. 史料的取材

从不同国家、阶层立场挑选史料论证对同一事物不同的见解和看法，避免"孤证不立"的尴尬。

2. 史论的得出

在引导学生对史实进行分析的基础之上，始终坚持"论从史出、史由证来"的史料实证，避免课堂"空洞说教"的尴尬。

3. 史观的培养

创新运用年代尺，设计成年代秀，培养学生从历史的纵向发展看待人类文明的进步，树立起他们的文明史观；通过聚焦2016年美国大选，从历史的横向分析历史史料，培养学生的全球史观，避免思维"僵化"的尴尬。

4. 情境创设

综合运用各种教学资源，创设立体人文情境。将文学、艺术和时政等"时尚"情境引入课堂，赋予历史课堂以浓郁的人文气息和感染力，避免历史课堂"毫无生机"的尴尬。

《文天祥的"小"和"大"》教学设计

——基于历史核心素养的教学设计体例

深圳市福田区石厦学校 戚佳丽

一、课前部分——教学准备

（一）教材分析

1. 课标要求

《义务教育历史课程标准》（2011年版）要求："知道成吉思汗的崛起以及蒙古军灭亡夏、金和南宋；知道元朝的统一。"

2. 地位作用

《蒙古族的兴起与元朝的建立》是2017年版人教版（部编）七年级历史下册第二单元第10课。北宋的建立结束了五代十国的分裂局面，与此同时，周边民族的相继崛起又在更大范围内形成了民族政权并立的格局。女真族建立的金朝先后灭掉辽和北宋，占据江南的南宋与金朝形成南北对峙之势。蒙古族建立的元朝结束了中国境内长期割裂的局面，重建了大一统国家，版图超出汉、唐，并为东西方的交流创造了条件。

（二）学情分析

初一学生刚进入初中学习，科目增加，大部分学生对历史学习还不够重视，对于中国古代史的了解多来源于影视作品和文学作品，系统的古代历史知识体系基本没有。同时，他们对历史的认识大都是片段式的，缺乏联系，对历史事件和历史人物的评价方法比较单一，不够全面。

（三）核心素养与教学目标

（1）运用时空定位，分析元朝的建立在中国古代史中的作用，认识统一是历史发展的主流。

（2）通过史料分析，了解宋元时期民族政权的更迭情况，学会对历史事物之间的因果关系做出解释，能够客观地评判历史事件。

（3）分析文天祥等人在元灭南宋后选择殉国的动机，体会文天祥等人的民族情感，形成对民族传统文化的认同感。

（四）教学重点与难点

1. 教学重点

宋元时期民族政权的并立与更迭情况。

2. 教学难点

北方少数民族政权在统一多民族封建国家发展中的重要作用。

（五）教法与学法

情境教学法、讲授法、讨论法、启发教学法等。

二、课堂部分——教学实施

（一）创设情境，导入新课

朗诵《过零丁洋》。

设计思路：本课以文天祥为主要线索，重构了《蒙古族的兴起与元朝的建立》。课前通过聆听文天祥的名作《过零丁洋》，使学生对文天祥的气度和胸怀形成感性认知，也由此引出本课的主题。

（二）师生互动，学习新知

1. "忠"从何来

材料：文天祥字宋瑞……自为童子时，见学宫所祠乡先生欧阳修、杨邦义、胡铨像，皆谥"忠"，即欣然慕之。年二十举进士，考官王应麟奏曰："忠肝如铁石，臣敢为得人贺。"

学生活动：通过阅读文献材料了解文天祥的生平，思考分析"为什么此时（南宋）如此看重'忠'这一品质？"

设计意图：提高学生阅读史料的能力，通过对这一问题的讨论，引发学生回忆起北宋灭亡、南宋建立的相关史实，对应历史学科核心素养时空观念水平二"能够将某一史事定位在特定的时间和空间框架下""能够认识事物发生的来龙去脉"的培养要求。同时，文天祥从小立下忠于国家的志向，最后也用实际行动践行了自己的信仰，此处是伏笔。

2. 能结盟吗

材料1：出示辽、北宋、西夏时期全图；金、南宋、西夏时期全图。

学生活动：对照地图，结合已学过的第7、8两课内容，用恰当的语言描述北宋和南宋时期政权并立的情况，并画出示意图。

材料2：展示学生所画的示意图、教师所画的示意图。

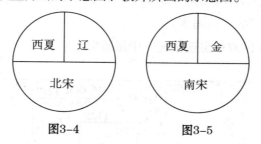

图3-4　　　　　　　图3-5

学生活动：对比并指出两幅图的不同，用恰当的语言描述这一时期政权更迭情况。

设计意图：依据地图说出朝代（时期）、政权（名），训练学生对历史时间的表述能力。再依据政权变化，说出其中相关的历史事件，理解历史事件的发生导致了历史发展的变化，历史发展的背后有历史事件相互作用的影响，引导学生构建起互为表里的历史时空框架。

材料3：动画：蒙古的兴起及逐步统一。

学生活动：结合第10课教材的文字内容和动画，讲述蒙古先后灭掉西夏和金的过程。

思考分析：蒙古要借道宋境进攻金朝，南宋能和蒙古结盟抗金吗？

设计意图：通过识图，帮助学生认识蒙古从分裂到统一的过程，再阅读史料（教材），引导学生用较准确的语言描述蒙古统一并强大起来的基本史实，对应历史学科核心素养时空观念水平一"在叙述个别史事时能够运用恰当的时间和空间表达方式"的培养要求。

通过对问题的讨论，学生会联系北宋联合金灭辽，随后北宋被金所灭的史实，但北宋与金的关系和南宋与金的关系不同，且所处的历史现实不同。由此体会到历史经验不能简单地照搬，而是要针对具体问题采取不同的措施，对应历史学科核心素养时空观念水平二"理解空间和环境因素对认识历史与现实的重要性"和水平四"在对历史和现实问题进行独立探究的过程中，能将其置于具体的时空框架下"的培养要求。

3. 生存还是死亡

材料1：崖山图片、文天祥英勇就义图片、元时期全图。

学生活动：讲述文天祥等人英勇就义、为国赴死的事迹。

设计意图：文天祥最后选择了就义，保持了自己的气节和对国家的忠贞，呼应前面文天祥对"忠"的追求。

材料2：唐至元的政权更迭情况、中国历史纪年表。

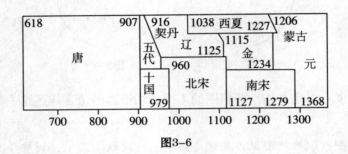

图3-6

学生活动：总结宋元时期的时代特征，思考分析元统一的意义。

设计意图：结合动画，说明元的统一结束了中国历史较长时间的分裂；结合纪年表，分析元的统一顺应了历史发展的主流。

材料3：文天祥图片、中国历史纪年表。

学生活动：思考分析文天祥的精神价值。

设计意图：通过文天祥赴死但仍未改变南宋灭亡的结局，说明历史发展的潮流并不以人的意志为转移；而文天祥尽管不能改写历史，或者说他明知不能改变结局却依然选择了为国赴死，其继承和发扬了忠贞爱国、坚强不屈的意志品质，也是我们传统文化精神的集中体现。解读这样两对矛盾，呼应本课主题"文天祥的'小'与'大'"，同时将历史的宏大叙事与个人的经历联系起来，理解在历史大背景下普通人的所思所想，帮助学生理解历史人物的选择，要站在历史时空下去评判，这样才能获得对历史问题较为合理的认识，即对应历史学科核心素养时空观念水平四"能够选择恰当的时空尺度对其进行分析、综合、比较，在此基础上做出合理的论述"的培养要求。

（三）课堂总结，梳理板书

文天祥的"小"和"大"
——在历史时空观念下看宋元历史更迭

西夏　辽	西夏　金	蒙古（元）	
北宋	南宋	南宋	元的统一
精忠报国	联蒙抗金	英勇殉国	

设计思路：将人物活动置于历史的大时空下，结合历史背景理解人物活动的原因，构建历史事件、历史人物和历史现象之间的相互关联。

（四）巩固提升，拓展延伸

根据所学，结合自己的理解，用多种方式（漫画、年代尺、表格、思维导图等）叙述宋元时期的政权更替。

设计思路：在学生选择叙述方式的时候，教师引导他们搜集史料，并能从史料中提取有效信息，同时加深对这一时期历史时空框架的记忆和理解。

三、课后部分——教学后记

1. 课后学生作业反馈

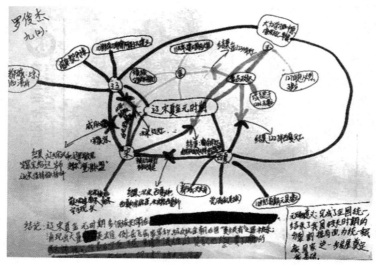

图3-7

2. 学生实践活动安排

参观文天祥祠，时间待定。

3. 教师课后教学反思

本课的设计一开始是基于几个反义词，"表"与"里""小"与"大""远"与"近"。通过历史发展的表象，引导学生思考历史发展变迁的内在原因；通过文天祥的人生经历，将历史的宏大叙事与个人联系起来，理解在历史大背景下普通人的所思所想；通过体会人物精神，将自己置身于当时当境，实现不同历史时空的切换与统一。在授课过程中，学生配合度高，动手能力强，任务驱动式教学取得了一定成效。在人物评价上，学生能站在历史人物的角度对其行为进行解读，体现出翰林学子较高的历史素养。由于本课知识涉及少数民族，在讲授中尤其应当注意语言和用词，避免带给学生错误的导向。

《甲午中日战争与列强瓜分中国狂潮》教学设计

——基于历史核心素养之时空观念的教学设计

深圳市光明区高级中学初中部　李佳博

一、教学准备

（一）教材分析

1. 课标要求

（1）知道甲午中日战争中的主要战役。

（2）列举《马关条约》的主要内容。

（3）说明《马关条约》与中国民族危机加剧的关系。

2. 地位作用

（1）宏观立意：甲午中日战争是近代列强侵华史的重要组成部分，它与鸦片战争、第二次鸦片战争、八国联军侵华战争构成了近代列强侵华的主要线索。

（2）微观着眼：甲午中日战争具有承上启下的作用，上承洋务运动，下启戊戌变法。甲午中日战争中方的惨败说明洋务运动并未使中国真正富强起来，只向西方学习先进技术并不能救中国，进而有识之士转向学习西方的先进制度，这就为戊戌变法的发生提供了历史背景。

3. 教材内容

本课选自部编版八年级上册第二单元第5课，本课主要学习三个内容：甲午中日战争、《马关条约》的签订、列强瓜分中国狂潮。这三块内容之间因果相连，甲午中日战争的失败导致《马关条约》的签订，而《马关条约》的签订大大刺激了西方列强瓜分中国的野心，从而掀起瓜分中国的狂潮。

（二）学情分析

1. 学习习惯

学生初步掌握读图、识图、分析史料的能力，具有合作学习的习惯。

2. 知识储备

学生熟知甲午中日战争之前的中国史，但对同一时期的世界史知之甚少。

3. 思维特点

学生对历史学科兴趣较大，可塑性强，参与性高，但对历史问题的认识感性有余而理性不足，故应着重培养学生的理性思维。

（三）核心素养与教学目标

表3-6

素养类别	学习目标
时空观念	通过研究性课题汇报的形式了解甲午中日战争的概况，培养查阅收集历史资料和正确认读历史地图的能力，从而构建历史时空观念
史料实证	师生共同对历史资料进行探讨研究，将学生的历史学习从了解层面引向深入，有助于培养学生分析史料的能力，做到论从史出、有理有据，从而培养历史核心素养之史料实证的能力，进而提升学生思维与表达的严密性
历史解释	"百家讲坛"法能够促使学生主动探索、自主学习、提升预习效果，不仅可以打破传统教学模式，使学生真正成为课堂的主人，还可以锻炼学生的语言表达能力和演讲能力，进而培养学生的历史核心素养之历史解释的能力
唯物史观	培养辩证唯物主义思想，形成唯物史观
家国情怀	学习邓世昌等民族英雄英勇抗击侵略、不怕牺牲的爱国主义精神
	认识台湾自古以来就是中国领土不可分割的一部分，树立维护国家统一的信念

（四）教学重点与难点

1. 教学重点

知道甲午中日战争中的主要战役，列举《马关条约》的主要内容，说明《马关条约》与中国民族危机加剧的关系。

2. 教学难点

认识到甲午中日战争的失败大大加深了中国的半殖民地化程度和对当今的启示。

（五）教法与学法

1. 教 法

情境教学法、问题探究法、迁移教学法。

2. 学 法

自主学习法、合作学习法、探究学习法。

二、教学实施

1. 课前准备

（1）布置三个研究性课题：甲午中日战争中的主要战役、旅顺大屠杀、公元纪年与干支纪年的换算。

（2）学生自由分组。

（3）成果审核：上交一份作品，作品要以演示文稿的形式呈现，并配以五分钟的文字讲稿。

设计意图：通过研究性课题的布置，培养学生查阅收集历史资料和正确识读历史地图的能力，从而帮助学生构建历史时空观念；通过分组合作探究，增强人际沟通能力，并懂得尊重和欣赏他人的思想和成果。

2. 课上演示

（1）"百家讲坛"导入新课。

课前一位学生根据兴趣，结合本课相关知识查找到两张中国地图。出示第一张传统地图，设问："我们的国土面积有多大？"再出示第二张中国最新颁布的竖版地图，对比两者不同之处，得出我国不仅拥有960万平方千米的陆地，同时拥有近300万平方千米的海洋国土，即我国是一个陆海兼备的国家。然而，100多年前的中国没有重视海洋，没有保卫好海疆，留下了惨痛的教训。今年是甲午中日战争125周年，让我们回到这段让中国人刻骨铭心的历史中去。从而导入新课。

设计意图："百家讲坛"法能够促使学生主动探索、自主学习、提升预习效果，不仅可以打破传统教学模式，使学生成为课堂的真正主人，还可以锻炼学生的语言表达能力和演讲能力，进而培养学生的历史核心素养之历史解释的能力。通过地图了解中国国土概况，培养学生正确识读地图的能力；通过干支纪年法表示年份，辅助掌握历史事件的表示方法，从而建立历史时空观念。

（2）师生互动传授新知。

主题一：有海防，无海权——怒海忠魂战海疆

（1）战争背景：通过微课的形式介绍甲午中日战争的背景。

设计意图：微课是新型教学手段，既可提高学生专注力，打造高效课堂，亦可作为知识储备，学习不受空间限制，满足个性化学习要求。同时，帮助学生构建中国、日本、朝鲜同一时期横向的时空背景。

（2）战争经过：讲述主体为学生，汇报内容为课前布置的两个研究性课题，即甲午中日战争的主要战役和旅顺大屠杀。

设计意图：结合地图做相应的战争进程演示，从而培养学生正确识读历史地图的能力，搭建空间感。用播放视频的方式，创设历史时空情境，切身感受黄海大战的惨烈，感知以邓世昌为首的中国海军英勇反抗侵略、不怕牺牲的爱国主义精神。学生展示旅顺大屠杀的图片和文献资料，培养分析史料的能力，增强历史感悟，树立忧患意识。

主题二：有衙门，无外交——丧权辱国雪上霜

（1）《马关条约》的签订。引导学生绘制表格，对比《马关条约》和《南京条约》的内容。

表3-7

类　别	《南京条约》	《马关条约》	对比影响及危害
	内　容	内　容	
割地			
赔款			
开放口岸			
设立工厂			

（表格来源于陈昔安老师课件）

设计意图：师生共同研讨，明晰《马关条约》是《南京条约》以来中国所签订的危害最严重的不平等条约，由此突破教学难点。通过横向对比，使学生理解西方列强对中国侵略的持续性与深入性，进而梳理中国逐步沦为半殖民地半封建社会的基本线索。

（2）列强瓜分中国狂潮。出示"时局图"，同时出示1899年美国向列强提出的"门户开放"的照会。

结合图片和教材设计以下三个活动：

① 依据"时局图"找出列强强租的海港、划分的"势力范围"包括哪些地方。

② 结合材料分析美国"门户开放"政策的实质。

③ 结合图片谈谈看法。

设计意图：通过"时局图"明晰列强的"势力范围"，辅助学生构建空间感；分析政策实质，培养学生总结归纳的能力；结合图片谈看法，学生畅所欲言，提高语言表达能力。师生共同对历史资料进行探讨研究，将学生的历史学习从了解层面引向深入，有助于培养学生分析史料的能力，做到论从史出、有理有据，从而培养历史核心素养之史料实证的能力，进而提升学生思维与表达的严密性。

（3）课堂总结，思维导图。

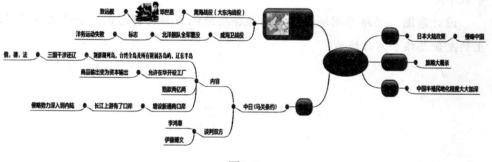

图3-8

设计意图：思维导图运用图文并重的技巧，把各级主题用层级图表现出来，利用记忆、阅读、思维的规律，协助学生在科学与艺术、逻辑与想象之间平衡发展，从而开启学生大脑的无限潜能。

（4）拓展延伸，情感升华。

拓展1：由最后一组学生展示研究性课题的成果——公元纪年与干支纪年的换算。

表3-8

甲	乙	丙	丁	戊	己	庚	辛	壬	癸	
4	5	6	7	8	9	0	1	2	3	
子	丑	寅	卯	辰	巳	午	未	申	酉	戌	亥
4	5	6	7	8	9	10	11	0	1	2	3

设计意图：帮助学生掌握历史事件年代的表示方法及相互转换。

拓展2：设计小题目：祭奠甲午中日战争逝去的英雄。

设计意图：通过这一环节，借用音频创设历史时空情境，邓世昌的话犹在耳畔，对学生内心的冲击力远大于枯燥的文字。而最后的情感升华则是从民族奋进的角度看待这场战争，教师无须再言，学生的民族使命感已经澎湃在胸。

3. 课后提升

（1）呈现本课思维导图。

（2）小论文：设想如果甲午中日战争中日本战败，后期历史将如何发展。字数不限。

设计意图：思维导图培养学生的综合思维能力和创新意识；小论文培养学生的发散思维和写作能力。

《马克思主义与中国》教学设计

——基于历史核心素养的教学设计体例

深圳市福田区红岭中学园岭部　杨美婷

一、课前部分——教学准备

（一）教材分析

1. 课标要求

《义务教育历史课程标准》（2011年版）指出："了解马克思、恩格斯的革命活动和《共产党宣言》的发表，理解马克思主义诞生的历史意义。了解李大钊传播马克思主义和中国共产党第一次全国代表大会召开的史实，认识中国共产党成立的历史意义。知道南昌起义、遵义会议，认识其在中国革命史上的地位。了解中国共产党十一届三中全会、农村改革和深圳特区的发展，认识邓小平对改革开放所起的重要作用。"

2. 地位作用

本课是专题课，结合了八年级关于中国新民主主义革命、社会主义建设的探索和中国特色社会主义道路的相关史实，以及九年级关于马克思主义的内容。全面建设小康社会、加快推进社会主义现代化是时代赋予中国人民的崇高使命。培育具有社会主义核心价值观的公民，是时代发展和社会前进的需求，也是青少年自身成长和全面发展的需求。本专题使学生了解和认识马克思主义与中国的发展历程，弘扬以爱国主义为核心的民族精神和以改革创新为核心的时代精神，更好地认识当代中国和当今世界。

（二）学情分析

1. 学习习惯

新时代的学生越发注意形成自己的价值观念，有自己的梦想，发展自己的独立个性，并为自己取得的成功感到自豪，其理智情感的发展水平并不高，容易造成认识理解上的片面性。

2. 知识储备

从学生的认知水平看，虽听说过马克思和恩格斯，但对其理论并不了解，对社会主义等概念也并不清楚，所以本课应该将社会主义等理论具体化、形象化。让学生理解社会主义并不是马克思和恩格斯闭门造车，也不是高高在上的理论。马克思主义与中国社会主义实践相结合，焕发出强大的生命力。

3. 思维特点

教师既要开发学生的思维体验，张扬个性，让学生体验合作探究的乐趣；又要注意引导和教育，充分调动学生的积极性，培养和提高学生的学习兴趣。

（三）核心素养与教学目标

表3–9

素养类别	学习目标
时空观念	借助视频，研读史料、历史图片、历史情境等，了解《共产党宣言》和马克思主义，结合马克思主义与中国新民主主义革命、社会主义建设的探索以及中国特色社会主义道路相结合的相关史实，构建时空框架，勾连时空关系，提升时空观念核心素养
史料实证	分析史料，结合八年级关于中国新民主主义革命、社会主义建设的探索和中国特色社会主义道路的相关史实，以及九年级关于马克思主义的内容，提高综合分析问题的能力和史料实证核心素养
历史解释	进行知识梳理，使学生了解和认识马克思主义与中国的发展历程，了解中国共产党十一届三中全会、农村改革和深圳特区的发展，认识邓小平对改革开放所起的重要作用
唯物史观	改革是推动社会发展的动力，认识中国进行的改革开放是正确选择。全面建设小康社会，加快推进社会主义现代化是时代赋予中国人民的崇高使命
家国情怀	培育具有社会主义核心价值观的公民是时代发展和社会前进的需求，也是青少年自身成长和全面发展的需求。弘扬以爱国主义为核心的民族精神和以改革创新为核心的时代精神，更好地认识当代中国和当今世界

（四）教学重点与难点

1. 教学重点

《共产党宣言》和马克思主义；马克思主义与中国新民主主义革命、社会主义建设的探索以及中国特色社会主义道路相结合的相关史实。

2. 教学难点

两大理论成果的关系，中国梦的理解。

（五）教法与学法

1. 教师的教学形式

情境创设、讲授启发、归纳小结。

2. 学生的活动形式

观看视频、填写表格、小组讨论、现场发言。

二、课堂部分——教学实施

（一）创设情境，导入新课

中国新闻网：2018年5月 "全球2 200种中外版《共产党宣言》上海首展"。

设计思路： 2018年是《共产党宣言》发表170周年，它的发表标志着马克思主义的诞生。通过新闻引出本课主题，穿越百年时空，追寻思想真谛，理解马克思主义与中国的关系，对应历史学科核心素养时空观念水平一 "能够辨识历史叙述中不同的时间与空间表达方式；能够理解它们的意义；在叙述个别史事时能够运用恰当的时间和空间表达方式" 的培养要求。

（二）师生互动，学习新知

1. 第一幕：寻根

关键词：马克思、《共产党宣言》（马克思、恩格斯）、马克思主义。

学生活动：观看视频：纪念马克思200周年诞辰（截至2018年）微视频（第一节）

设计意图： 视频是最直观的感受，可以提高学生对史实的兴趣。通过观看，引发学生思考马克思和《共产党宣言》的关系，以及马克思主义诞生的相关史实，对应历史学科核心素养时空观念水平二 "能够将某一史事定位在特定的时间和空间框架下" "能够认识事物发生的来龙去脉" 的培养要求。

2. 第二幕：飞跃

学生活动：观看视频：纪念马克思诞辰200周年（截至2018年）微视频（第二节）。结合八年级所学内容，解读两次飞跃的内涵，完成表格的填写。第一次飞跃：毛泽东思想（马克思主义与中国新民主主义革命的联系）；第二次飞跃：中国特色社会主义理论体系（马克思主义与中国社会主义建设道路以及中国特色社会主义的联系），包括邓小平理论、"三个代表"重要思想、科学发展观和习近平新时代中国特色社会主义思想。

表3-10　学生完成表格

时间	历史事件
1921年	会议：中共_____
1927年	_____起义
1935年	_____会议
1945年	会议：中共_____，确立毛泽东思想为党的指导思想
1949年	_____成立
1978年	会议：_____，提出改革开放政策
1997年	会议：中共_____，确立邓小平理论为党的指导思想
2002年	会议：中共_____，确立"三个代表"重要思想为党的指导思想
2012年	会议：中共_____，确立科学发展观为党的指导思想
2017年	会议：中共_____，确立习近平新时代中国特色社会主义思想为党的指导思想

设计意图：依据图片填出历史事件，训练学生对特定历史时间发生的特定历史事件的掌握能力。再依据历史事件，理解由此导致了历史发展的变化，对应历史学科核心素养时空观念水平三"能够把握相关史事的时间、空间联系，并用特定的时间和空间术语对较长时段的史事加以描述和概括"的培养要求。

三、第三幕：圆梦

主旨：马克思主义引领中国人民一步一个脚印，努力实现中国梦，照亮中华民族伟大复兴之路。

新飞跃：在当代中国，坚持中国特色社会主义理论体系，就是真正坚持马克思主义。

学生活动：观看视频：纪念马克思200周年诞辰（截至2018年）微视频（第三节）。结合八年级（下）第11课教材内容，小组讨论，独立发言，讲述中国梦的内涵、奋斗目标和四个全面的内容。

思考分析：

（1）你如何理解中国梦中的"两个一百年"和四个全面？

（2）你能否罗列一些当今经济建设中的重大成就？

（3）实现中华民族伟大复兴的中国梦，是民族的梦，也是每个中国人的梦。作为新时代的中学生，你能为中国梦的实现做出哪些努力呢？（可以从家国情怀、道德修养、知识储备等方面考虑）

设计意图：通过小组讨论，碰撞思想火花，拓展提升思维能力，对应历史学科核心素养时空观念水平四"在对历史和现实问题进行独立探究的过程中，能将其置于具体的时空框架下；能够选择恰当的时空尺度对其进行分析、综合、比较，在此基础上做出合理的解释"的培养要求。

（三）巩固提升，拓展延伸

1.设计思维导图《马克思主义与中国》

要求：发散思维；知识的横向、纵向的梳理与联系；形式多样等。

2.撰写课后感想《我与中国梦》

要求：结合史实和所学知识，有所感悟，300字以上。

设计思路：设计思维导图，运用图文技巧把各主题的关系用相互隶属与相关的层级图表现出来，把主题关键词与图像、颜色等建立记忆链接。在学生选择素材时，可以引导他们搜集史实，并能从史实中提取有效信息。撰写课后感想，重点把握时空观对提升专题主旨的理解，对应历史学科核心素养时空观念水平四"理解空间和环境因素对认识历史与现实的重要性"的培养要求。

（四）课堂总结，梳理板书

马克思主义与中国

一、寻根

马克思、《共产党宣言》（马克思、恩格斯）、马克思主义

二、飞跃

1.毛泽东思想（革命）

2.中国特色社会主义理论体系——{ 邓小平理论 "三个代表"重要思想、科学发展观 习近平新时代中国特色社会主义思想

（建设、改革）

三、圆梦

新飞跃：中国梦——中华民族伟大复兴之路

《美国的独立》教学设计

——基于历史核心素养的教学设计体例

深圳市福田区翰林实验学校　李　念

一、课前部分——教学准备

（一）教材分析

1. 课标要求

通过华盛顿、《独立宣言》和1787年宪法颁布，理解美国革命对美国历史发展的影响。

2. 地位作用

美国独立战争是英属北美殖民地人民反对英国殖民统治，争取民族独立的战争。独立战争的胜利对美国资本主义发展起了巨大的推动作用，对欧美的革命也有重要影响。

（二）学情分析

1. 学习习惯

九年级的学生已经掌握一定的历史学习方法，能客观地认识并分析问题，对视频、图片等资料的兴趣较大。

2. 知识储备

经过前面单元的学习，对资本主义的发展趋势有了理解，对美国历史有较浓的兴趣，但对其具体发展缺乏系统了解。

3. 思维特点

九年级的学生思维活跃，发散思维较强，有一定的理性思维。

（三）核心素养与教学目标

表3–11

素养类别	学习目标
时空观念	结合《大国崛起之新国新梦》的视频材料和地图、文字史料的补充，引导学生分析美国独立战争爆发、《独立宣言》和1787年宪法颁布的时空背景，从具体的时空环境中认识美国历史的发展趋势
史料实证	补充有关独立战争后的文献资料，引导学生分析美国1787年宪法颁布的历史价值
历史解释	能正确表述美国独立战争爆发的原因、经过以及对美国、对欧美发展的影响
唯物史观	正确分析、理解美国独立战争的性质与作用以及华盛顿对美国历史的贡献。培养学生把握历史发展一般性和特殊性规律的能力，有助于培养学生的唯物史观
家国情怀	通过学习美国独立战争的进程使学生认识到，被压迫民族的人民只要敢于斗争、善于斗争，就能最终战胜强大的敌人，赢得国家和民族的新生，从而激发学生树立自强不息的民族精神。从美国"独立自由之梦"到中国"复兴发展之梦"，实现对学生家国情怀的培养

（四）教学重点与难点

1. 教学重点

了解美国独立战争的过程；理解《独立宣言》和1787年宪法对美国发展的重要性。

2. 教学难点

美国独立战争的性质；对1787年宪法、华盛顿的评价。

二、课堂部分——教学实施

（一）创设情境，导入新课

播放节选纪录片《大国崛起之新国新梦》：

美国诞生的时间不过200多年，绝对可以说是世界国家之林当中的"年轻人"，但正是这一"年轻人"，成为当今唯一的超级大国，其超强的硬实力和软实力对世界政治、经济、科技、文化等重要领域产生着极其重要和深刻的影响。今天我们一起来了解它是如何诞生的。

设计意图：视频材料可直观地激发学生学习的兴趣，起到凝神、激趣的效果。

介绍学习目标：

（1）寻梦——探究北美独立战争爆发的原因。

（2）筑梦——简述北美独立战争的经过。

（3）圆梦——了解独立后的美国如何有效治理国家。

（4）正确认识北美独立战争的历史意义。

设计意图：明确学习内容与目标，做到有的放矢。

（二）师生互动，学习新知

环节一：寻梦——探究北美独立战争爆发的原因。

从1620年那艘"五月花"号在北美的马萨诸塞州登陆开始，100多年的时间中，英国在北美大西洋沿岸建立了13个殖民地。在这些殖民地上生活着英国移民、其他欧洲移民、当地的土著居民，以及被贩卖来的黑人奴隶，他们共同劳动，共同开发这一区域，共同用英语交流着，一个统一的美利坚民族就这样逐渐形成。

（展示18世纪英国殖民地地图）

（1）请大家结合地图与补充资料比较，相对于英国本土，这片殖民地在地理上有哪些优势？（区域更大，气候更适宜，资源更丰富）

除了地理上的优势，还有哪些优势？（经济前景相当好）

（2）面对北美经济不断发展，其宗主国英国是什么态度？阅读课本，英国当局对殖民地的高压政策有哪些表现？

①禁止北美人们开发阿巴拉契亚山以西的土地。

②征收各种苛捐杂税。

③低价向殖民地倾销商品。

1773年的波士顿倾茶事件，让北美民众与英国殖民统治之间的矛盾进一步激化，最终成为北美独立战争的导火线。

（3）请用一句话概括北美独立战争爆发的原因是什么？

英国的殖民统治阻碍了北美资本主义经济的发展。

设计意图：结合地图、课文与补充资料，学生从时空上理解北美殖民地发展的状态以及与英国之间不可调和的矛盾，从而认识到：在英国的殖民高压下，北美独立战争的爆发是必然的。

环节二：筑梦——简述北美独立战争的经过

（自主学习，完成表格，了解北美独立战争的过程）

《独立宣言》的发表标志着美国诞生了，意味着北美殖民地人民的武装起义从此开始转变为争取民族独立和为自由而战，极大地鼓舞了北美人民的斗志与热情，最终战胜了强大的英国，取得了胜利。

设计意图：训练学生自学、归纳的能力。

环节三：圆梦——了解独立后的美国如何有效治理国家

（播放节选纪录片《大国崛起之新国新梦》）

独立后的美国，是建立一个统一的中央政权国家，还是为保持各州最大的独立性而永远地互相争吵？是其所要面临的抉择。

（4）请结合补充材料，归纳独立后的美国面临哪些挑战？

挑战一：建立民主共和政体无先例可循。

华盛顿，这位战争中的领袖、陆军总司令在战争一结束便辞去总司令的职务，并断然拒绝了有人拥立他做国王的建议。不愿做国王的华盛顿不经意间为这个新国家预留下非常广阔的发展空间，也使他赢得更多人的尊重。

斩断了君主制这条道路，就只有民主共和一种方向了。但当时人们普遍认为在一个幅员辽阔的大国是难以推行共和制度的。

挑战二：各州权力巨大，联邦政府十分虚弱，如何平衡中央与地方的关系呢？

独立之初的美国实际上是13个独立国家的联盟，各州都拥有独立的财税、立法甚至交战权力。涣散的中央政府难以有效管理国家，也难以在国际上维护美国人的利益。

挑战三：独立之初，大州与小州之间的矛盾。

在未来国会席次问题上，人口众多的纽约等州主张按人口比例产生国会议员；人口较少的罗德艾兰等州则主张各州代表权一律平等。

挑战四：南方黑奴制度的问题。

（5）阅读课本思考：美国最终是如何解决以上这些问题的？（1787年宪法）

在宪法的确认与保障下，美国建立了一个强有力的联邦中央政府。总统、国会、最高法院分别行使行政、立法、司法权。在世界上开创了新体制——三权分立的共和政体。

三权分立有何好处？（提供宪法规定）互相制约与平衡，维护民主。

请用图示反映三权之间的相互关系。（三角图）

由此，美国建立起统一的政府、统一的市场、统一的货币、统一的税收。

依据宪法，他们选出了美国历史上第一位总统——华盛顿。

比较三权分立与三省六部的区别。

设计意图：通过补充的视频节选和文字资料，让学生更充分地了解新独立的美国在当时的时空背景下为什么会选择民主共和的道路，正确地认识三权分立的特点。

环节四：正确认识北美独立战争的历史意义，并判断战争性质。

意义：摆脱英国的殖民统治，争取国家的独立（民族解放运动），走上了资本主义的道路，促进了美国资本主义的发展（资产阶级革命），对以后欧洲和拉美的革命也起到了推动作用。

设计意图：认识美国独立战争的性质对学生而言是个难点。从其战争的历史意义出发，认识分析其战争的性质，会让学生更易理解。

环节五：以古鉴今。

美国独立战争的胜利换来的不仅是国家主权的独立，还代表着一个由美国人自己通过不断探索和革新所建立起来的崭新国家。这个国家在很多方面都展现了其领先世界的独特性，正是这种独特性，为其日后的强大奠定了基础。

今天，在我们实现"中国梦"的路上，能从华盛顿等美国的"开国先贤"们身上得到哪些启迪？

美国梦：自由独立之梦。

中国梦：复兴发展之梦。

设计意图：学习历史是为了以古鉴今，从美国的"独立自由之梦"到中国的"复兴发展之梦"，时空在变化，但人们为梦想坚持、努力、积极进取的精神是不变的。正是这种精神，让我们、让世界不断进步！

三、教学后记

（1）完成课后作业。

（2）学生实践活动：观看纪录片《大国崛起之新国新梦》。

推荐阅读王毅《美国简史》。

（3）教学反思：学生整体对美国历史有较浓厚的兴趣，学习中能聚焦课堂，紧跟教师抛出的问题进行思考与探讨，并能结合已有知识开展分析，从而得出有效结论。但有些文字资料对目前的学生而言在理解上有一定难度，这在以后的教学中要注意选择符合学生阶段性思维的资料。

《甲午中日战争与列强瓜分中国狂潮》教学设计

——基于历史核心素养的教学设计体例

深圳市福田区石厦学校　邹德美

一、课前部分——教学准备

（一）教材分析

1. 课标要求

了解甲午中日战争的主要战役；列举《马关条约》的主要内容；说明《马关条约》与中国民族危机加剧的关系。

2. 地位作用

甲午中日战争既是清政府政治制度腐败落后的结果，也是日本明治维新以后走上对外扩张道路的一环，同时真正让西方看清清政府的无能，对19世纪末20世纪初列强在中国掀起瓜分狂潮有着至关重要的影响。

（二）学情分析

1. 学习习惯

八年级学生对于分析史料和构建时空观念已经有一定的知识储备，已经能形成"论从史出"的意识，能把人物和事件放在特定的时间维度和空间维度去考虑。

2. 知识储备

中国近代史的学习是基于中国古代史，在通史的基础之上对近代史有更深刻认识。

3. 思维特点

八年级学生思维的最大优点是对任何历史事件都抱有好奇，能纵向比较古代史和近代史的异同点，但缺点是没有世界史的知识储备，对于历史事件空间上的横向对比不利。

（三）核心素养与教学目标

表3–12

素养类别	学习目标
时空观念	能够从当时的国际环境中认识到甲午中日战争的背景
	运用地图展示列强在中国划分的势力范围以及造成的影响
史料实证	能够运用史料和历史图片学习左宝贵和邓世昌等英勇反击侵略、不怕牺牲的精神
	通过史料分析清政府失败背后的原因
历史解释	概述甲午中日战争的经过与结局
	能够运用前面学过的内容与《马关条约》的具体内容进行比较，认识到《马关条约》的影响
唯物史观	从闭关自守的排外政策与自给自足的自然经济认识到这样的经济基础对近代历史发展的影响
	通过介绍日本强大的过程，使学生了解生产力是历史发展的决定因素
家国情怀	认识抗击外来侵略、捍卫民族尊严是中华民族的历史使命，树立民族自尊心和自信心
	通过国际环境的变化与对日本的思考，培养学生正确的价值观与爱国思想

（四）教学重点与难点

1. 教学重点

甲午中日战争的过程与《马关条约》。

2. 教学难点

甲午中日战争的影响和列强瓜分中国的影响。

（五）教法与学法

史料分析、小组合作、有效设问、同屏技术、地图教学。

二、课堂部分——教学实施

（一）创设情境，导入新课

印象·日本

导入：介绍当时的世界概况和以地图为蓝本展示日本全貌。

设计思路：用地图的形式展示，用问题引领学生思考对日本的印象，形成反差，为后面的教学做铺垫，同时培养学生的时空观念。

（二）师生互动，学习新知

1. 真实·日本

（1）介绍"大陆政策"。

设计思路：通过史料明确日本侵略中国是蓄谋已久，培养学生的史料实证意识。同时注重学生时空观念的培养，尤其是在时间的横向对比中，了解日本当时的情况，搭建基本的时空观念。

（2）通过材料分析和解读清政府与日本的实力对比。

设计思路：培养学生阅读史料、分析史料以及解释历史的能力，还有思考问题和解决问题的能力。一衣带水的两个国家，军事实力上却相差悬殊，这种时空上的勾连在学生脑海中形成巨大的反差。

（3）通过视频学习东学党起义，图表了解列强的态度。

设计思路：时间和空间因素一直在向前推移的情况下，朝鲜半岛爆发东学党起义，在这种特殊时期，各帝国主义国家的态度非常值得深思，引导学生站在特定的时空关系下来看待这一事件，向下一小节教学过渡。

（4）自主学习甲午中日战争的过程，了解其中的重要战役以及人物。

设计思路：培养学生自主学习与合作探究的能力，了解英雄人物的事迹，培养学生的家国情怀。

2. 凶残·日本

（1）通过图片与具体史料，了解甲午中日战争及对日本的认识。

设计思路：在特定的时间因素下，让学生对甲午中日战争有更加直观的认识，也让学生明白特定的空间下日本、朝鲜以及清朝辽东半岛和山东半岛的地理位置。清政府引以为傲的海军最后惨败，引导学生思考背后的原因以及对历史事件的评价与认识。

（2）讨论分析清政府战败的原因。

设计思路：同在20世纪初执政的日本明治天皇和清朝慈禧太后，不同的空间、不同的执政者和不同的制度产生不一样的国家实力，以故事的形式展现，增加趣味性，同时更加深入地理解历史，分析失败背后的原因，培养学生的唯物史观。

（3）表格的形式呈现《马关条约》的内容。

设计思路：以讲授和讨论相结合的方式让学生明白《马关条约》给近代中国带来的危害，其中台湾地区可以做重点阐述，可以把历史上关于台湾的事件在同一空间内进行不同时段的比较，使学生一目了然，最终培养学生的时空观念。

3. 瓜分·中国

（1）介绍三国干涉还辽。

设计思路：与战前帝国主义国家的态度形成鲜明的对比，加深对历史的解释。对同一事件在不同时间内帝国主义国家产生了不一样的态度，更能凸显帝国主义国家的丑恶嘴脸。

（2）介绍当时帝国主义国家在中国的势力范围。

设计思路：帮助学生更加形象生动地理解历史。帝国主义国家在中国不停地攫取利益，从鸦片战争到20世纪初，超过半个世纪的时间里，他们的所作所为给近代中国带来了深重的灾难。

（3）介绍美国的门户开放政策。

设计思路：明确美国已经提出了独立的侵华政策，在帝国主义国家交往中一切以各自国家利益为主。

4. 深思·中国

面对历史，我们如何看待当今的国际环境？面对复杂的民族情感，选择怎样的态度对待周边国家？

设计思路：培养学生思考问题与解决问题的能力，把学生的时空观念从19世纪末20世纪初拉回到现在，深入思考当今社会的国际环境以及所要采取的态度，以史为鉴，树立正确的价值观与家国情怀。

（三）课堂总结，梳理板书

第5课：甲午中日战争与列强瓜分中国狂潮

印象·日本

真实·日本

凶残·日本

瓜分·中国

深思·中国

设计思路：通过总结性语言突出一衣带水的两个国家在近代因为不同的制度走上了不同的道路，两个国家表现的是两种不同的社会形态，最后通过"深思·中国"环节引导学生关注现实、关注未来。

（四）巩固提升，拓展延伸

材料论述题：

材料一：展示第一次鸦片战争和第二次鸦片战争形势图。

材料二：甲午中日战争形势图。

结合所学知识，从材料一、二中提取信息，自拟一个论题并展开论述。要求：观点明确、史论结合、论证充分。（8分）

评分说明：观点明确2分；论证充分（至少结合两个史实进行论证）4分；结论正确2分。

设计思路：通过材料论述题，以练习题的方式构建第一次鸦片战争以后近代中国的时空框架，看中国是如何一步一步沦为半殖民地半封建社会，在时间和空间的框架中比较清政府的腐败和政治腐朽。

三、课后部分——教学后记

1. 课后学生作业反馈

通过学生的作业反馈可以看到，学生对本课的历史知识掌握得还是很不错的。学生的作业可以分为三个档次：第一个档次观点清晰，论述完整，最后的结论不仅表述完整，还表达了未来要怎么做，思维特别严谨；第二个档次观点明了，表达中虽然有事实的描述，但没有史论结合，最后的结论没有升华；第三个档次学生虽能提出观点，但是论证和结论均不符合逻辑。

学生交上来的材料与论述题都写了，没有空白的现象，而且能站在近代史大的时空环境下思考问题，看待中国与世界。

2. 学生实践活动安排

打算利用周末的时间进行实地考察，考察地点是深圳的大鹏所城，看一下明代的中国海防，感受海防对于一个国家和民族的重要性。

3. 教师课后教学反思

本课的教学设计是基于培养学生历史学科的核心素养之时空观念为目标。

初中的学业水平测试要求达到水平二，是为高中学习做铺垫，在提高学生学习历史素养的同时要兼顾培养学生的兴趣爱好。因此，在教学中采用大量的史料把学生置于特定的时空之下推进教学，这样不仅可以培养学生的史料实证意识，也可以培养他们历史解释的能力，有利于学生透过历史现象看到历史的本质，从闭关自守的排外政策与自给自足的自然经济，认识到这样的经济基础对近代历史发展的影响。这样，从历史中走来，又回到历史中去。

这样设计的好处既符合初中历史学业水平测试，也与高中历史教学方向基本一致。教学的重点与难点非常清晰明了，教学过程逻辑严谨，紧紧围绕甲午中日战争进行，有利于学生形成自己的观点，对历史事件加深认识。

这样设计的不足之处就是史料内容比较多，形式也很丰富，从而要求学生具备一定的史料解读能力，以及在阅读过程中发现问题、分析问题和解决问题的能力，同时要具备中国通史的基础知识。换句话说，如果学生不具备的这样的能力，那么在观点的提出、论点的解释以及最后对历史事件进行评价时都会不知所云。

在设计这一课时，最大的困难便是材料不足，不能很好地开展学生活动。因为，初中生学习历史最重要的一个方面便是培养他们的兴趣爱好，让他们在学习时不仅仅觉得这是一个中考科目而必学不可，更要让学生体会学习历史的乐趣。

《冷战》教学设计

——基于历史核心素养的教学设计体例

深圳市福田区翰林实验学校　张　微

一、课前部分——教学准备

（一）教材分析

1. 课标要求

知道"杜鲁门主义""北约"和"华约"，了解美苏冷战及对峙局面的形成。

2. 地位作用

本课讲述的是二战后世界政治格局发生的变化，介绍了战后美苏对峙、美国的冷战政策及表现，还介绍了美苏争霸的三个阶段，阐明了两极格局的形成和瓦解，为下一课世界政治格局多极化趋势做了铺垫。

（二）学情分析

1. 学习习惯

学生的学习习惯不是很好，很少能做到预习及课后复习。

2. 知识储备

世界史的学习接近尾声，学生基本了解了世界历史的发展脉络，对二战以后世界发展的走向有一定了解，但对两大阵营的形成及对峙关系还没有明确的概念。

3. 思维特点

抽象思维能力和概括能力不断增强，达到一定的水平。

（三）核心素养与教学目标

表3-13

素养类别	学习目标
时空观念	通过对冷战政策提出背景的了解及对相关地图的识读，树立时空观念，深刻认识冷战的影响
史料实证	通过对史料进行阅读、分析，培养学生的历史思维能力，掌握"论从史出、以史佐证"的原则和方法
历史解释	能够准确表述冷战政策；说明"杜鲁门主义"出台及影响；概述马歇尔计划的实质
唯物史观	了解二战后美国经济、军事、政治实力的加强和资本主义霸主地位的确立；了解马歇尔计划的实施以及北大西洋公约组织的成立
家国情怀	通过本课学习感受美苏争霸，世界的斗争造成了国际局势的动荡不安，给世界和平带来了严重影响，认识到霸权主义对人类进步和安全的威胁；通过拓展提升问题的讨论，认识中国在国际关系中面临的问题及在当今世界和平与发展过程中所起到的作用

（四）教学重点与难点

1. 教学重点

美国的冷战政策及表现。

2. 教学难点

如何理解美苏对外政策的转变。

（五）教法与学法

讲述法、读图法、小组合作学习、多媒体展示。

二、课堂部分——教学实施

（一）创设情境，导入新课

播放央视美俄新时期矛盾的新闻，引出"新冷战"的说法，自然带出"冷战"的相关内容。

设计思路：开课利用视频导入，激发学生的兴趣，为后面的教学内容做铺垫。

（二）师生互动，学习新知

展示欧美地图及二战后苏联与欧美在欧洲军力部署对比表格，让学生了解苏联军事实力的强大。接着介绍在苏联的影响之下，二战后东欧出现的大批社会主义国家。通过地图分析此时感受到威胁最大的应该是欧洲国家，而英国作为西欧国家的代表，丘吉尔在美国发表"铁幕演说"，正式拉开了美苏冷战的序幕。

设计思路：地图有助于学生清楚地了解事件发生的背景及缘由，树立学生的历史时空观念。

展示欧美地图及反映二战后美国经济军事实力占世界首位的资料，指出美国此时的扩张野心。展示杜鲁门在1947年3月国会演讲时的材料："（世界已经分成两个敌对营垒）几乎所有国家必须在两种生活方式中挑选一种，一种是自由制度，一种是极权政权。美国有领导自由世界的使命，以防止共产主义的渗入……今天，希腊这个国家的生存，受到共产主义的严重威胁……正如希腊的情形一样，如果土耳其要得到它所需的援助，就得由美国供给它。我们是能够提供那种援助的唯一国家……"引出"杜鲁门主义"的出台标志着美苏战时同盟关系正式破裂、美苏冷战开始。

设计思路：从欧美地图入手分析西欧与苏联、美国与西欧以及美国与苏联之间的矛盾与联系，自然引出美国战后的称霸野心，也有助于学生空间观念的形成。

分析冷战的含义。冷战是美国带领西方资本主义国家对苏联等社会主义国家采取除武装进攻之外一切手段的敌对行动，以"遏制"共产主义。指导学生找出冷战的双方、手段及目的。

设计思路：丘吉尔的"铁幕演说"和"杜鲁门主义"的出台已经带出冷战的名词，在这里分析冷战的含义水到渠成。引导学生指出冷战双方、手段及目的，可以帮助学生记忆冷战的概念。

学生活动一：美苏为何会冷战（冷战的原因）。

引导学生合作，通过导学案相关资料及近期所学，分析美苏两国为什么要对抗？美苏两国为什么要以"冷"的形式来对抗？学生回答之后揭示原因：

（1）战后美苏两国在国家利益问题上有了冲突（美国要称霸世界，苏联要扩大影响）。

（2）二战结束，美苏两国战时联盟基础丧失。

（3）美苏两国意识形态的对立，导致相互猜疑，夸大对方对自身的威胁。

另外，"冷"的形式是因为二战刚刚结束，民众普遍厌战，并且双方实力相当，谁都没有能力通过武力战胜对方。

设计思路：通过资料的研读得出结论，培养学生"论从史出"的史料实证素养。

讲述冷战的具体表现时再次展示欧美地图，引导学生认识西欧在美苏冷战过程中牵制苏联的巨大作用，理解将马歇尔计划作为冷战经济表现的原因。军事上，1949年5月，美国联合加拿大和西欧10国签订了《北大西洋公约》，成立了一个以美国为首的军事联盟，即北大西洋公约组织，简称"北约"，是美国遏制苏联、称霸全球的军事政治集团。随即苏联针锋相对，经济上于1949年成立"经互会"，军事上于1955年5月同保加利亚、匈牙利、波兰等7国在波兰首都华沙签订《友好合作互助条约》，通称《华沙条约》，成立了华沙条约组织，简称"华约"，是苏联所控制的军事政治集团。"北约"和"华约"两大集团的建立，标志着以美苏为首的两极对峙格局形成。

设计思路：地图的使用帮助学生理解历史知识的深层联系，培养学生的时空观念。

学生活动二：合作学习，结合课本及材料，完成美苏争霸三个阶段表格。

表3-14

阶　段	时　间	特　点	典型事件
第一阶段	＿＿＿年代	美国占＿＿＿	
第二阶段	＿＿＿年代 达到高潮	＿＿＿攻 ＿＿＿守	美：＿＿＿ 苏：＿＿＿
第三阶段	＿＿＿年代	双方＿＿＿	

设计思路：小组合作学习，培养学生分析归纳的能力和自主学习及合作学习的能力。

（三）课堂总结，梳理板书

美苏冷战格局的形成，主要原因在于美国推行全球霸权政策；美苏争霸的形成，主要是因为苏联推行霸权主义政策。当今世界各国应从历史中吸取教训，将主要精力和资源用于经济发展和建设，提高以经济和教育实力为核心的综合国力，提高人民的生活水平。放弃争夺世界霸权，携手合作，推动国际政治、经济新秩序的建立，促进世界的和平、稳定和繁荣。随着中国国力的增强，近年来在国际事务中发挥了越来越重大的作用。我们相信，中国一定能为世界的和平与发展做出更大的贡献。

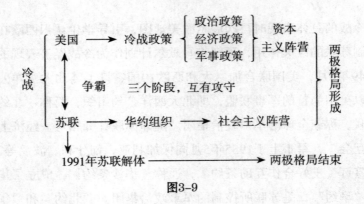

图3-9

设计思路：以此板书来勾连时空关系。

（四）巩固提升，拓展延伸

回到开课之初的时事新闻，美俄之间还会出现冷战的局面吗？它与美苏冷战有哪些不同？

要求学生结合导学案补充的国际时政新闻资料小组讨论：中国作为新兴大国，近年来对世界的影响越来越大，应该如何应对如此纷繁复杂的国际局势呢？

设计思路：冷战已经结束，但国际关系日益复杂，这样设计可以引导学生将历史知识应用于实践，用于认识并解决现实生活中的问题，实现情感态度与价值观的目标，认识中国在世界和平与发展过程中所起到的作用。

补充资料：（资料来源于网络）

材料一：2017年8月，美国国会通过了新的制裁法案，回应俄罗斯干预2016年美国大选、侵犯人权、吞并克里米亚以及在乌克兰东部的军事行动。该法案的通过引起了俄罗斯方面的愤怒回应，俄罗斯宣布会在2017年9月1日前驱逐美国驻俄外交和技术人员共计755名。

材料二：2017年9月7日早上，韩国媒体称，此前运抵韩国的萨德反导系统剩余四台发射车以及相关物资运抵星州高尔夫球场，萨德系统正式完成在韩国部署。

三、课后部分——教学后记

（1）通过导学案与课后习题巩固了基础知识，拓展了学生的视野，基本符合初三阶段历史学习提升能力与应对中考两个方面的要求。

（2）有能力的学生可搜集两极对峙过程中两大阵营中各国的发展状况。

（3）教学反思。

在本课的教学设计中，笔者特别注意了以下几个问题：

① 在多个教学环节中利用地图将所授知识点带出，既引导学生深刻理解历史事件之间的联系，也加深了所学知识点的印象，有助于学生历史学科核心素养时空观念的培养。

② 通过学生自主探究活动及小组合作学习，丰富了本节课的教学内容和学习形式，活跃了课堂气氛，学生对于冷战、两极对峙格局形成、美苏争霸有了比较全面的认识，同时联系现实进行思考，为有效掌握本课内容打下基础。

③ 小组讨论给学生比较大的思考和交流空间，激发了学生的学习热情，基本体现了自主、合作、探究学习的特点和要求，并且收到了较好的效果。

④ 图表信息运用比较多，围绕教学目标引用恰当的图片、文字资料，多途径刺激学生思维，不会造成学生视觉和听觉疲劳。引导学生结合导学案补充的资料自主学习和探究，培养学生的史料实证素养，取得了较好的教学效果。

⑤ 关注到情感教育，在培养学生情感价值观方面做了一定的尝试，通过引导学生结合本课的内容及国际时政新闻思考"面对如此纷繁复杂的国际关系，中国应该如何应对"的问题，让学生充分认识到霸权主义对世界产生的影响，在此基础上看到中国在世界和平与发展中发挥的重要作用，使学生的认识得到了升华，也落实了课前设定的教学目标。

不管准备多么充分，下课后依然会有很多遗憾。在学生分析冷战原因及"冷"的形式对抗时，没有给予及时的引导与反馈；在学生探究活动二——美苏争霸三个阶段的合作学习部分，时间把控不是很到位，导致有1分钟左右的无效时间；最后布置课后探究问题时，由于急躁，问题不明确，"两极对峙格局对世界局势的影响"这个问题没有表述清楚。

这些问题的出现大都是由平时一些不良的教学习惯引起的，笔者在今后的教学工作中要特别注意。

《鸦片战争》教学设计

——基于历史核心素养之时空观念的教学设计

深圳市龙岗区石芽岭学校　严慧君

一、教学分析

（一）教材分析

1. 课标要求

（1）讲述林则徐虎门销烟的故事。

（2）列举中英《南京条约》的主要内容，认识鸦片战争对中国近代社会的影响。

2. 教材内容

本课选自部编版教材八年级历史上册第一单元第1课，主要学习三部分内容：鸦片走私与林则徐禁烟运动、英国发动侵略战争和《南京条约》的签订。在鸦片战争以前，因受中国自然经济的抵制，英国在中英贸易中处于逆差状态。为了扭转这种局面，英国向中国大量走私鸦片。林则徐主持的禁烟运动触犯了英国的利益，因而成为鸦片战争爆发的直接原因。清政府终因腐败无能而在战争中失败，结果签订了第一批包括《南京条约》在内的不平等条约。从此，中国开始了半殖民地半封建社会的历程。

本课内容庞杂，头绪众多，联系广泛，既有贯穿古代、近代的纵向联系，又有沟通中外的横向联系，还有战争、政治、经济、意识形态之间的相互关系。

3. 教材地位

鸦片战争是中国历史的转折点，是中国近代史的开端。它既是中国沦为半殖民地半封建社会的开始，也是中国人民奋起抗争、探索富强的开始。鸦片战争使得中国的自然经济开始解体，又为中国民族资本主义的产生准备了客观条件。

（二）学情分析

1. 学习习惯

初二的学生经过一年的学习，已经掌握了利用年代尺把零散的历史知识巧妙串联并利用史料简单分析历史事件之间联系的能力。

2. 知识储备

学生已经熟知清朝以前的历史，对中国古代史有一定的积累，清楚知道中国历史的延续性这一特点，但是对世界史知之甚少。

3. 思维特点

这个阶段的学生思维活跃、乐于表现，对新鲜事物充满了强烈的好奇心，有主动学习的良好愿望，但存在看待问题欠周到和重表象、轻实质等特点。

（三）核心素养与教学目标

表3-15

素养类别	学习目标
时空观念	纵向：回顾中国古代史的脉络，特别是分析清朝的对外政策与鸦片战争之间的关系
	横向：通过视频了解18世纪60年代到19世纪40年代的英国，对比鸦片战争前的中外形势
史料实证	通过史料分析《南京条约》给中国社会带来的"屈辱"
	通过分析史料，了解不同社会制度下的两个国家在经济、军事等方面的差异，并探寻英国发动鸦片战争的原因
历史解释	通过视频的解读，了解18世纪60年代以后的英国率先完成了工业革命，急需拓展海外贸易，抢占中国市场，掠夺原料
	通过分析图片，了解鸦片战争的概况，掌握《南京条约》中割地和开通通商口岸的具体范围
唯物史观	通过学习鸦片战争，明白在对外关系中只有国家综合国力强大才能立于不败之地
	回忆闭关锁国政策的影响，利用史料分析鸦片战争的影响，尝试用辩证的思维分析历史事件、看待历史人物
家国情怀	通过林则徐的故事感受并学习林则徐等中国人，反抗侵略、维护民族利益的斗争精神
	通过学习英国向中国走私鸦片的史实，认识世界主要资本主义国家在发展过程中给世界其他地区带来的危害及影响

（四）教学重点与难点

1. 教学重点

鸦片战争前中外形势比较；鸦片战争和《南京条约》的危害。

2. 教学难点

鸦片战争和《南京条约》的危害。

二、教法与学法

微课教学、故事教学、史料教学、地图教学、小组合作学习。

三、课堂部分——教学实施

（一）创设情境，导入新课

播放学生暑假自己录制的《中国古代史》年代尺讲解视频片段，直观生动，有强烈的吸引力，积极营造情境氛围，鼓励学生从历史中寻踪觅影，可以快速抓住学生的注意力，引导学生利用所学结合史实一步步地展开探究，从而很自然地导入本课。

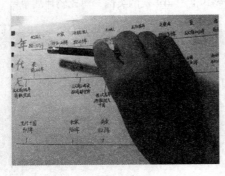 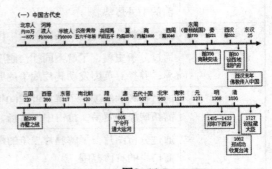

图3-10　　　　　　　　　　　　　　　图3-11

设计思路：利用自制微课导入，引起学生兴趣，培养学生学会利用丰富的学习工具。指导学生自制年代尺，学会构建时空框架，激发其探究的动力，进而导入新课。

（二）师生互动，学习新知

主题一：落日余晖与工业先驱——战争背景

（1）利用地图、图片和史料，分析鸦片战争前的中外形势。

设计思路：利用世界地图呈现中国、英国的相对位置，引起学生探究战争爆发背景的渴望，勾连中英两国的空间关系。

（2）利用视频，了解工业革命后的英国。教师从工业革命导致世界的变化入手，将战前中外形势进行列表比较，进而分析中国禁烟运动和英国发动鸦片战争的原因。

图3-12　鸦片战争前的中国和英国

表3-16　战前中英形势比较

总体状况		中国	英国
		处于封建社会末期，危机四伏	迅速崛起
具体表现	经济	自给自足的自然经济占统治地位	率先完成了工业革命，迫切需要广阔的海外市场和廉价原材料
	政治	专制主义中央集权达到顶峰	确立了先进的资本主义制度
	外交	闭关自守	对外扩张，加紧殖民侵略
	中英贸易状况（正当贸易）	贸易顺差（出超）	贸易逆差（入超）

设计思路：利用视频呈现工业革命后的英国现状，让学生以更直观形象的方式了解同一历史时期不同国家之间的差别，以达到构建时空框架的目的。同时利用图片、材料研读等方式，分析、对比战争前的中外形势。

（3）利用故事小讲堂，请学生分享"林则徐虎门销烟"的故事，引导学生思考、探究、辨析鸦片战争的直接原因和根本原因。

设计思路：通过林则徐的故事感受并学习林则徐等中国人反抗侵略、维护民族利益的斗争精神，发挥学生的特长（班级故事小讲堂），培养学生的语言表达能力，同时引导学生辨析鸦片战争爆发的根本原因，学会透过历史现象探究事物的根源。

主题二：大国危机与扭转逆差——鸦片战争

（1）利用"鸦片战争形势示意图"，通过自荐和推荐的方式，请两组学生代表上讲台分别讲述鸦片战争过程中的两个阶段。理解武器装备的落后和清朝统治者的腐败无能是战争失败的主要原因，但是最根本的原因还是封建制度的腐朽和落后。

设计思路：构建历史时空观念，给学生提供舞台展示自己的才华，锤炼学生的语言、文字组织能力以及表达能力，又能活跃课堂气氛，同时让学生通过小组合作探究本课的重难点。

（2）利用人物图片等资料，了解鸦片战争中牺牲的民族英雄关天培等人。

设计思路：通过图片，感受战争时期涌现的民族英雄身上的民族气节。

主题三：丧权辱国与开启近代——战争影响

1. 战争结果

鸦片战争以清朝的失败结束。1842年8月，清政府被迫同英国签订了中国近代史上第一个丧权辱国的不平等条约——《南京条约》

图3-13

2.《南京条约》的影响

（1）出示材料：

《南京条约》签订以后，西方资产阶级兴奋得"好像全都发了疯似的"。璞鼎查（英国军人及殖民地官员）回国后告诉英国资本家说，"已为他们的生意打开了一个全新的世界，这个世界是这样的广阔，倾兰开夏（英格兰西北部的郡，英国工业革命的发源地）全部工厂的出产也不够供给它一个省的衣料的"。

——李侃、李时岳、李德征等著《中国近代史（1840—1919）》

（2）探究问题：

① 结合《南京条约》的主要内容，谈谈你对"好像全都发了疯似的"的理解。

② 结合所学，通过《南京条约》的主要内容分析璞鼎查理想的、"广阔"的"新世界"是什么样子的。

（3）探究方式：

① 以日常6人学习小组为单位。

② 每个小组在组长的组织下针对问题开始探究。

③ 组长选派代表就本组的探究成果向全班同学做汇报。

设计思路：这样设计，有助于拓宽学生分析时空的尺度，同时考查学生阅读史料、搜集和处理历史信息的能力以及分析解决问题的能力，巧妙地攻克了难点。

以史为鉴，引导学生讨论、思考：鸦片战争给后人留下怎样的启示？

① 封闭所以落后。

② 落后就要挨打。

③ 挨打必须思变。

④ 思变才能崛起。

设计思路：引导学生通过对历史的学习培养自己看待问题的态度，进而改变思考问题的方式，真正做到以史为鉴。

（三）课堂总结，梳理板书

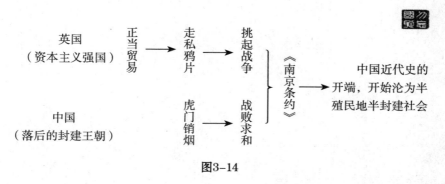

图3-14

设计思路：培养学生的时空观念，构建时空框架，培养创新思维。

（四）巩固提升，拓展延伸

让学生按小组进行"图说鸦片战争"的协作式学习。

学生6人一组，分成8组。每个小组利用网络、图书馆等资源选择一张与课本内容有关的图片，并为这张图片制作文字说明。说明应该包含时间、地点、图片反映的主要内容以及对图片所反映历史现象的评价等方面。

设计思路：一方面培养学生的合作能力；另一方面培养学生收集、分析、利用史料的能力。最重要的是让学生的学习和思维不受时间、空间的限制，同时是发展时空观念教学策略实施的必然选择。

四、课后部分——教学反思

在《鸦片战争》一课的教学中，笔者基于准确、专业的学情分析之后重新解读教材，有针对性地调整设计。既充分利用教材特点，维护教材的严谨性和科学性，又努力为学生创设良好的学习氛围。在学习方法和途径上，引导学生大胆尝试、勇于创新，为学生搭建舞台、提供平台、做好"后台"；在尊重八年级学生心理和思维特点的基础上，开展不同层次的教学活动，充分调动了学生"看、听、说、思、写"等各种感观，使学生的多元智能得到发展和完善。利用绘制年代尺、视频、史料、重点人物故事等资料，充分诠释时空观念、史料实证、历史解释、唯物史观和家国情怀等历史核心素养，这是时空观念教学策略实施的必然选择。

《夏商周的更替》教学设计

深圳市福田区明德实验学校　付华敏

一、课前部分——教学准备

（一）教材分析

1. 课标要求

知道夏朝的建立标志着国家产生；知道夏商周三代更替；了解西周的分封制作用。

2. 地位作用

夏商周是我国国家产生和发展的重要时期。本课是第二单元的总括，也是线索梳理、建立时空观念的关键一课，在教材中起着承上启下的作用。承上，承接第一单元的原始社会，夏朝是从部落联盟时期过渡而来，是中国历史上第一个王朝；启下，夏商周是奴隶制国家，东周开启了春秋战国时期，为第三单元进入封建社会的学习做了铺垫。

（二）学情分析

1. 学习习惯

初步培养学生预习、阅读史料、提取关键信息的习惯，具备一定阅读地图的能力。

2. 知识储备

已学习第一单元中国境内早期人类与文明的起源，了解了原始社会时期的农业发展和部落联盟为国家的出现奠定基础，有利于学生理解本课知识。

3. 思维特点

初中生对于新学的历史学科兴趣较大，可塑性强，但历史素养和基础知识基本没有，认知水平有待提升；学力水平总体不错，喜欢知识拓展与问题探究，课堂主动性较强。

（三）核心素养与教学目标

表3-17

素养类别	学习目标
时空观念	知道夏商周三代更替的史实
	理解中国古代社会形态的变迁
史料实证	依据史料、地图，了解夏商周更替中的重要史实
	依据史料、地图，了解西周分封制的内容和作用
历史解释	理解西周分封制对后世产生的重要影响
	理解夏朝的建立标志着中国国家的产生和文明的出现
唯物史观	从促进生产力发展的角度，理解私有制的出现、阶级国家的形成是历史的进步
家国情怀	探究"中国"的形成

（四）教学重点与难点

1. 教学重点

夏商周更替；西周分封制

2. 教学难点

理解夏朝的建立标志着国家的产生；西周分封制

（五）教法与学法

讲授法、情境教学法、导学案教学法、图表法（时间轴和地图）、史料分析法、问题探究法、小组合作学习

二、课堂部分——教学实施

（一）创设情境，导入新课

甲骨文　　　　金文　　　　小篆　　　　楷书

图3-15

预设问题：为什么"钺"成为"王"字的象形？

设计思路：生产工具的钺具备王权的内涵，这个发展过程主要是在夏商周时期实现转变的。暗示时空观念的重要性，引发学生思考与好奇，从而引入新课主题。

（二）师生互动，学习新知

（1）地图的变迁使学生认识到从夏到商再到周，版图在不断扩大。温故知新，通过导学案让学生自主学习，完成时间轴。

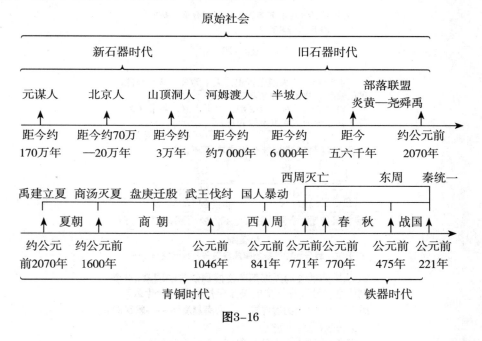

图3-16

设计思路：通过地图和时间轴，培养学生的时空观念，使学生在脑海里构建夏商周的时空框架，知道历史发展的基本规律。

（2）通过大禹两幅角色不同图片的对比，使学生认识到大禹的身份由"部落联盟首领"转变为"王"，这说明禹建立了国家夏朝，从而引出禹建立夏朝的各种史实和夏巩固统治的措施，标志着我国早期奴隶制国家诞生了。夏朝是中国历史上第一个王朝，最早的国家。

设计思路：学生通过图片史料的对比，透过现象看到本质，培养历史解释的素养。

大禹治水　　　　戴冠冕的夏禹

部落联盟首领 ➡ 国王

· 这两幅画像中的人物是同一个历史人物吗？
是

· 这两幅画像有何不同？能说明什么问题？
禹建立夏，国家诞生

图3-17

材料一："大道之行也，天下为公，选贤与能，讲信修睦。故人不独亲其亲，不独子其子。"

材料二："今大道既隐，天下为家，各亲其亲，各子其子……大人世及以为礼。"

——《礼记·礼运》

1. 两段材料描述的社会形态有何不同？

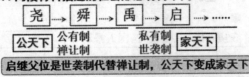

尧 → 舜 → 禹 → 启 → ……

公天下　公有制　私有制　家天下
　　　　禅让制　世袭制

启继父位是世袭制代替禅让制，公天下变成家天下

世袭制
指王位、爵号和财产按照家族血缘关系世代继承下去。

2. 从原始社会的氏族部落发展到奴隶制国家，世袭制代替禅让制是历史的进步还是倒退？为什么？

历史进步：生产力的发展 ——私有制发展 ——阶级对立

国家的建立推动了生产力的发展。【唯物史观】
生产力的发展是判断历史进步与否的根本标准

图3-18

（3）出示以上两则材料，导学案上配以白话文解析，请学生探究两个问题。

设计思路：使学生理解国家建立前后社会形态的变化，培养时间素养，知道启继父位标志着世袭制代替禅让制，"公天下"变成"家天下"。不少学生认为世袭制代替禅让制是历史的倒退，通过生产力原理的通俗解析，使学生初步认识到生产力的发展是判断历史进步与否的根本标准，培养唯物史观。

（4）二里头遗址是夏朝都城遗址，清理出大量青铜器、玉器、骨器、陶器制品。以此为史料，使学生理解夏朝社会的高度复杂化和发达，政治上早期中国正式形成。

二里头遗址位于偃师市二里头村及其周围。遗址面积3.75平方千米。其中一座基址中心建筑为面阔8间、进深3间的大型宫殿。遗址中出土有制陶、铸铜、制骨、制石手工作坊和一些陶器、铜器等。年代约为公元前1750—前1500年。

图3-19

青铜鼎　　绿松石铜牌　　　绿松石龙

二里头遗址清理出大量青铜器、玉器、骨器、陶器制品。其中铜鼎是中国目前发现最早的青铜礼器。

二里头遗址，呈现出从未有过的王朝迹象，二里头文化是当时中国乃至东亚地区最早的强势核心文化，二里头作为王朝都邑，社会高度复杂化和发达，政治上早期中国正式形成。

图3-20

设计思路：培养学生的史学素养，认识到在没有文字的历史时期，考古材料更可靠，为后面探究"中国"历史埋下伏笔。

（5）展示地图，了解商汤灭夏以及成汤建立商朝的史实。

展示体现奴隶地位的两则材料，让学生解析出商朝是奴隶制王朝。

据考古发掘，商代贵族大墓中都有殉人。在安阳武官村殷墟工陵区内，已发掘的十几座大墓中被生殉、杀殉的达五千余人。奴隶没有人身自由。

从殷墟宫殿窖穴中发现的石镰刀

镰刀是农业收割庄稼的用具，在殷墟宫殿区域内属于王室贵族的圆形窖穴里，考古工作者曾发现444件有使用痕迹的石镰刀。这反映了商朝农业生产规模很大；奴隶被迫在农田上集体劳动。

商朝是中国历史上第二个奴隶制王朝

图3-21

设计思路：培养学生的空间、史料实证、历史解释素养。

（6）出示商末形势图和牧野之战形势图，使学生了解武王伐纣和西周建立的史实。出示《利簋》铭文材料，使学生认识到牧野之战发生的时间比夏商的年代更加可靠，不再用约，而是具体到公元前1046年。

利簋铭文拓本

《利簋》铭曰："武王征商，唯甲子朝，岁鼎，克昏夙有商。"

武王伐纣，一夜之间就将商灭亡，在岁星当空的甲子日早晨，占领了朝歌。

据此推断牧野之战是发生在公元前1046年1月20日早晨6、7点钟。

图3-22

设计思路：培养学生的时空观念和史料实证素养，使学生认识到青铜器和铭文具有很大的史料价值。

（7）展示史料和西周分封示意图，结合教材解析西周分封制的目的、对象和内容（权利与义务）。

目的：为稳定周初的政治形势，巩固疆土。
分封对象：宗亲和功臣。
分封内容，诸侯权利：（1）管理土地和人民的权力，建立诸侯国。
　　　　　　　　　　（2）具有较大的独立性，在自己的封建内进行再分封
　　　　　　　　诸侯义务：向周王进纳贡物，并服从周王调兵。

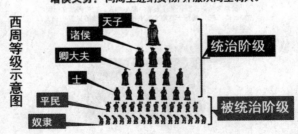

西周等级示意图

天子
诸侯
卿大夫
士
平民
奴隶

统治阶级
被统治阶级

图3-23

设计思路：培养学生的空间素养和史料实证素养，使学生认识到西周的等级制度——等级森严，层层分封。

（8）借助西周分封示意图，使学生认识到分封制的作用。

了解西周后期"国人暴动"的史实，请学生结合夏末、商末的暴政史实来解析发生"国人暴动"的原因。

周厉王姬胡
（前904—前829）

实行"专利"政策，将山林湖泽改由天子直接控制，不准国人（对居住国都人的通称）进入谋生。国人因不满周厉王的政策，怨声载道。周厉王禁止国人谈论国事，违者杀戮。

《国语·周语上》："防民之口，甚于防川，川壅而溃，伤人必多，民亦如之。"

公元前841年，因不满周厉王的暴政，西周首都镐京以平民为主体发生暴动——国人暴动。
公元前841年，被视为中国历史有确切纪年的开始。

为什么西周后期会发生"国人暴动"？
暴政激化了社会矛盾。

图3-24

设计思路：把"国人暴动"与夏朝灭亡、商朝灭亡的时空关系勾连起来，使学生得出基本的历史教训——暴政会激化社会矛盾，得民心者得天下。

（9）设问学生很熟悉的"烽火戏诸侯"的故事，使学生认识到西周末年王室衰微，知道周平王东迁洛邑的史实，而后进入东周（前770—前256）时期。

出示文字和图片材料，请小组合作探究"中国"的内涵，"中国"本义是指天下的中央，文明意义上的中心（文明最高水平）。

【探究】"何以中国"？

· 恩格斯：国家是文明的概括，国家的形成就是指阶级社会的形成，即奴隶社会取代原始社会。
· 商人祭祀：用在对外战争中掠夺的外族人做"人殉"。
· 周朝：普天之下，莫非王土；分封制——真正的封建社会。
· 商周之变：中国历史第一个重要转型，发展出了"中国"这个概念，催生了中华文明。

"中国"：天下的中央，文明意义上的中心（文明最高水平）。

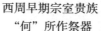

西周早期宗室贵族
"何"所作祭器

宅兹
中国
大意：
居住在天下中央

图3-25

设计思路：运用历史故事教学和情境教学策略，引发学生思考，促进深度学习，培养学生小组合作和解决历史问题的能力，培养学生的时空观念和史料实证、历史解释、家国情怀素养。

（三）课堂总结，梳理板书

奴隶制社会
夏朝（建立）
⬇
商朝（发展）
⬇
西周（鼎盛·分封制）
⬇
春秋（瓦解）

图3-26

铖的演变

良渚文化玉铖　　二里头文化玉铖　　河南安阳商代妇好墓出土的青铜铖　　河北平山战国中山王墓出土的青铜铖

1. 从生产工具演变为武器，再从武器演变为礼器。
2. 夏商周时期，青铜铖逐渐取代了玉铖，明确成为军事权力的象征，后又发展为王（皇）权的象征。

图3-27

设计思路：夏商周的更替体现时间的变迁，小结奴隶制社会的发展历程，解决导入时埋下的关于"铖演变为王权象征"的疑问。

（四）巩固提升，拓展延伸

完成导学案，探究"何以中国"。

设计思路：本课内容量大，还引入了很多课外史料，学习难度加大。导学案可以节省课堂时间，帮助学生构建时间线索，增强学生对史料的理解。本课的线索之一是"何以中国"，这既是在训练学生思维，也让学生有了解中国形成的好奇心，增强对中华民族的文化自豪感。

三、课后部分——教学后记

（一）课后学生作业反馈

基本实现了教学目的，引起了学生的深度思考。学生学会使用、制作时间轴这一重要的历史学习方法。

（二）学生实践活动安排

自主预习，完成导学案。课前完成时间轴，课后订正导学案。

（三）教师课后教学反思

本课优点是突显时空观念素养的培养，线索明了，结构清晰，首尾呼应，并通过问题探究、情境创设实现了深度学习。

1. 时空观念

原始社会——奴隶社会——封建社会（古代社会形态的变迁）。

夏朝——商朝——西周——春秋和战国（奴隶制国家的更替）。

2. 两条线索

明线——夏商周的时空变迁（时空轴+地图+文献和实物史料）。

暗线——"中国"（概念和文明）的形成（问题情境：国家的形成、商周之变、钺的演变）。

3. 首尾呼应

时空轴和钺的演变，开始设问+结尾回答。

本课缺点是教学容量过大，即使导学案起到了一定辅助作用，但学生理解起来还是比较困难。课后应以讲解作业的方式帮助学生第二次消化。

《明朝的统治》教学设计

——基于历史核心素养的教学设计体例

深圳市南山区外国语学校（集团）文华学校　刘栋梁

一、课前部分——教学准备

（一）教材分析

1. 课标要求

知道明朝的建立；通过皇权的强化和八股取士，初步理解皇帝专权的弊端。

2. 地位作用

本课标题是《明朝的统治》。封建社会皇权是君主专制的核心。我国封建专制主义中央集权制自秦朝创立以来，沿袭了两千多年，经历了草创建立、发展完善到走向极端和没落三个阶段，影响深远。如果把明朝加强皇权放在整个君主专制发展的大背景下来考察就会发现，明清时期我国封建君主制度的空前强化已违背了时代精神，失去了活力，是整个封建社会逐步走向衰落的表现和起点。因此，这一课在明清史中乃至整个封建社会都占有极其重要的地位。

（二）学情分析

1. 学习习惯

初一学生年龄较小，生性好动，注意力不易集中，不知道如何总结知识。

2. 知识储备

学生对本课的知识平时储备较少，只能通过预习对本课有大致了解。

3. 思维特点

这个阶段的学生思维活跃、乐于表现，对新鲜的事物充满了强烈的好奇心，有主动学习的良好愿望，但看待问题欠周到，重表象、轻实质等。

（三）核心素养与教学目标

表3-18

素养类别	学习目标
时空观念	纵向：回顾历代君主的思想文化专制政策，从侧面了解历代皇权强化的过程
	横向：了解明朝逐步加强皇权的过程
史料实证	通过史料分析锦衣卫特务统治带来的影响
	通过分析史料，了解八股取士带来的影响
历史解释	通过图片、故事的解读，了解八股取士的形式与内容
	通过故事、史料的解读，理解锦衣卫特务统治的形式与内容
唯物史观	上层建筑反作用于经济基础，并逐步阻碍社会进步
	通过对八股取士及锦衣卫相关材料的解读与分析，学会用辩证的思维看待历史事件
家国情怀	通过故事穿插，培养学生为人民服务的意识
	通过故事引导，培养学生努力学习、报效祖国的情怀

（四）教学重点与难点

1. 教学重点：朱元璋强化皇权的措施

明朝是我国封建君主专制制度空前强化的时期。明太祖朱元璋通过一系列措施奠定了明朝君主专制政治体制的基本格局，这些措施具有不同于前代的明显特点，如特务统治的出现、思想专制的强化等，其作用一方面巩固了明朝的统治，另一方面也给明朝的统治埋下了危机。因此，应作为学习的重点。

2. 教学难点：八股取士的负面影响

八股取士是明朝科举考试的重大变化，是君权加强在思想文化方面的体现。这种高压专制、严格控制的奴化训练对中国的思想文化、科学技术的发展造成严重阻碍，但又是考试趋向标准化的重要发展。因此，八股取士无论从内容还是影响都是很复杂的，加之学生对八股文缺乏感性认识，更不易理解，应作为教学难点。

（五）教法与学法

以历史人物王生的一生贯穿教学过程，结合史料和历史故事开展合作与探究。本设计围绕四个核心问题展开教学：一是明朝的建立；二是朱元璋加强皇权的目的及措施；三是八股取士对教育、选官等方面造成的负面影响；四是明朝经济的发展。

采用"穿越"的形式，引导学生自觉主动地参与教学，积极讨论交流，进行合作与探究，获取知识，提高能力，体验学习的快乐。

二、课堂部分——教学实施

（一）创设情境，导入新课

王生是元末一名书生，饱读诗书，一心想去朝廷做官，治国安邦。

一天，在街上他看到好多人都围在一起看什么东西，他也凑了上去，原来是一张皇榜……

图3-28

设计意图：通过创设人物故事情节导入，引导学生"穿越"至元朝末年，确定故事发生的时空框架，吸引学生注意力，激发学生的学习兴趣，并顺利过渡至"明朝的建立"教学环节。

（二）师生互动，学习新知

皇榜

朕本淮石布衣，因天下大乱，为众所推，牵师渡江……定有天下之号曰大明，建元洪武。现向天下招纳贤士。

图3-29

设计思路：通过提问，分析"皇榜"内容，引导学生挖掘皇榜背后所隐含的重要的时空信息（明朝建立的时间、都城、建立者；元朝灭亡的原因），确立本课基本的时空框架。

1. 明朝的建立

背景：元末政治腐败、天灾频繁，爆发了大规模农民起义。

时间：1368年。

建立者：朱元璋（明太祖）。

都城：应天（南京）。

设计意图：通过展示都城和疆域的地理位置，从整体上引导学生明确明朝的时空框架。

2. 明朝加强皇权措施

图3-30

设计思路：通过设计备考环节，引导学生理解明朝八股取士制度的内容与形式；通过有效提问，引导学生回忆之前学过的隋唐科举制，勾连唐朝的时空，通过对比进一步加深对八股取士时空背景的理解；人物成长过渡到备考，引出八股取士。

3. 明太祖加强君权的措施

（1）

思考：你认为大家的建议能被采纳吗？为什么？

图3-31

设计意图：设计大家建议环节，引导学生思考回顾隋唐科举制度及其时空背景，顺利过渡到八股取士。

（2）关于八股取士制度的内容与形式。

命题范围：只能在四书五经范围。

答题难点：只能根据指定的观点答题。

文体：必须分为八个部分。

思考：朱元璋为什么要用这种方式来选拔人才？

设计思路：通过有效的提问引导学生对八股取士产生的时空背景进行深入思考与理解，并通过提问"我国历代文化专制政策还有哪些"，引导学生纵向勾连时空思考学过的文化专制政策。

（3）

图3-32

设计意图：通过材料研读，组织学生小组讨论，引导学生辩证评价八股取士。

（4）

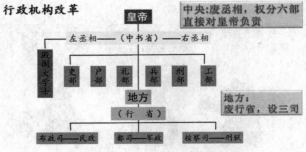

图3-33

设计思路：通过提问和小组合作—反馈的方式，引导学生回忆三省六部制和丞相制度发展、演变的过程，勾连相关时空，从而加深对明朝君主专制的理解。

（5）

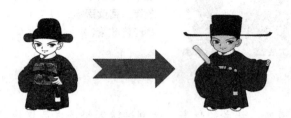

改革后，王生勤政为民，官越做越大，但
后来发生的一件事却让他心惊胆战。

图3-34

设计意图：通过人物的时空成长，从而顺利过渡到锦衣卫。

（6）

① 设立特务机构锦衣卫。

材料：当时在京城的朝廷官员，每天入朝之前必会同妻子和孩子诀别，如果这一天平安无事，回家后便庆祝，认为又平安多活了一天。

设计思路：通过材料解读和观看有关锦衣卫的视频，引导学生建立基本的时空框架，再以小组讨论的形式反馈特务统治的利弊。

② 设立特务机构锦衣卫的影响。

有利于皇帝对臣民的监视和侦察，加强了君权，对维护中央集权起到了一定的作用。但这种特务统治使得臣民们终日诚惶诚恐、唯命是从，凡事按部就班，不求进取。

设计意图：通过小组讨论，引导学生辩证、一分为二地看待特务统治。

4. 明朝经济的发展

　　一举一动都在锦衣卫监视下，让王生终日提心吊胆。但是皇帝还是对王生非常信任，指定他负责制定经济政策。阅读课本，思考王生制定了哪些经济政策？

图3-35

设计意图：通过人物成长故事，顺利过渡到经济发展模块。

（三）课堂总结，画思维导图

　　当王生帮助皇帝制定了合适的经济政策之后，明朝的经济快速发展。除此之外，王生还帮皇帝做了许多造福国家的事情。在行将就木时，他回首往事，感慨万千：自己由科举入仕，经历了机构改革的浪潮，在厂卫特务机构严密监视下谨小慎微，这一生可谓风雨坎坷。请大家帮着王生回忆这些年明朝经历了哪些事情呢。

图3-36

设计思路：

（1）通过设计"回忆"环节，巧妙勾连时空，引导学生把明朝初年到成祖时期加强皇权的措施进行总结并画出思维导图。

（2）引导学生学习王生，树立为人民服务的意识。

三、课后部分

1. 课后学生作业反馈

拓展一：在我国历史上像朱元璋一样参加过农民起义的皇帝还有哪些？他们的统治有哪些相同点？又有哪些不同点？

设计思路：通过对比，勾连历史上的几次农民运动，初步培养学生的时空观念。

2. 学生实践活动安排

拓展二：多媒体播放"西方文艺复兴兴起"，引导学生分析比较东西方在思想文化发展上先进与落后的动向变化。

设计思路：通过东西方同一时空的对比变化，引导学生正确理解封建制度在这一时期逐步没落、西方资本主义逐步兴起的历史趋势。

3. 教师课后教学反思

本课是笔者2015年给顺德区历史骨干教师上的公开课。课程内容枯燥乏味，平时上课效果一般，这次把课程内容打乱，按照一个人读书——入仕——病休的顺序重新排列了课程内容，取得一定效果，但也有许多细节需要推敲。笔者加入工作室主要是向大家学习，希望得到各位同仁专家的指点。

《洋务运动》教学设计

——基于历史核心素养的教学设计体例

深圳市福田区石厦学校　甘立杰

一、课前部分——教学准备

（一）教材分析

1. 课标要求

列举近代历史上的重要事件与人物，说明它（他）们在社会变革中的突出作用。教学中要求学生分析这些历史事件对中国历史进程的深远影响。

2. 地位作用

近代中国百余年的历史发展有两条鲜明的线索：一是列强侵华；二是近代化的探索。本课正式讲述中国近代化的开端，为戊戌变法、辛亥革命、新文化运动的教学打下基础。

（二）学情分析

1. 学习习惯

八年级学生好奇心强，表现欲、求知欲强烈，渴望成功，需要成功的体验。教师适当鼓励和创造展示平台，学生会觉得很快乐。

2. 知识储备

已经有了一定的学习能力，如能搜集整理简单的资料、阅读教材并做简单归纳等。

3. 思维特点

学生对有悬疑、有争议的历史事件特别感兴趣，恰当选取相关内容可以激发学生的学习热情。

（三）核心素养与教学目标

表3-19

素养类别	学习目标
时空观念	通过对比19世纪中期东西方在政治经济方面的差距，感受同时期中国的落后
	通过清朝前后期的对比，理解洋务运动失败的原因
史料实证	通过展示洋务运动时期的史料，真实地触摸历史
历史解释	通过课前搜集整理有价值的信息资料，小组合作学习、角色扮演等多种教学手段、学习方法的运用，课堂上师生互动、情景交融，清晰把握历史的脉络，化繁为简、化难为易，学生主动获取知识，成为学习的主人，体验到学习的快乐，语言表达、逻辑思维、搜集整理资料等能力得到锻炼
唯物史观	通过对洋务运动局限性的分析，认识到19世纪中期地主阶级救不了中国
家国情怀	通过对洋务运动的分析评价，认识其对历史发展进程的作用，感受中国西学之路艰辛的同时激发爱国热情

（四）教学重点与难点

1. 教学重点

洋务运动的时间、代表人物、目的、主要内容、结果等。

2. 教学难点

客观评价洋务运动。

二、课堂部分——教学实施

（一）创设情境，导入新课

播放《大国崛起》片头，设问：说说19世纪中期东西方在政治和经济方面的差距。

出示魏源《海国图志》的封面图片，介绍作者的目的"师夷长技以制夷"，解释"师夷长技以制夷"，引导学生分析师夷长技和制夷之间的联系。

师：解释"师夷长技以制夷"，分析师夷长技和制夷之间的联系。

生："师夷长技以制夷"的意思是学习西方先进的科学技术来抵制西方。师夷长技是手段，制夷是目的。

师：找出标题中的关键字。

生："师"和"技"。

师：此二字就是这节课我们将要学习的内容。

设计思路：在感知东西方巨大差距的同时，单刀直入，点题、破题，出示学习目标，化繁为简。让学生感觉这节课学习将会很容易、很轻松，从而带着愉悦、放松的心态投入到课堂中来。

（二）师生互动，学习新知

1. 解释"师"的意思

师：现在老师将带领大家走进"师"者的内心世界，看看"师"者是痛苦的还是快乐的？

生：应该是痛苦的。

师：是的，中国在向西方学习的历程中是痛苦的、艰辛的。试想一个狂妄自大的人，自认为什么都比别人强，现在让他去向别人学习，当然是非常痛苦的。同学们能不能用史料证明一下这个结论。

生：有马戛尔尼访华事件为证。（出示与乾隆皇帝的对话）

师：请大家分析一下此时乾隆皇帝的心态。

生：狂妄自大、拒绝学习。

师：但是随着鸦片战争的失败，部分有识之士认识到西方的强大，必须去了解和学习西方。下面请某某同学给大家介绍一下这些人物中的两位代表。

（学生讲解林则徐和魏源的主张）

师：林则徐和魏源主张向西方学习，但其他官员的心态又是怎样呢？

（出示清政府大臣们对同文馆态度的阅读材料）

师：请大家分析一下这些大臣的心态？

生：这些大臣们是极不情愿的，但在残酷的现实面前又不得不去学习。

设计思路：此设计把烦琐的历史知识融入探索师者心态的逻辑之中，可以起到化繁为简的作用。同时拉近了历史与现实的距离，让学生走进历史、感受历史，在探寻西学的艰辛历程中激发学生的爱国热情。

2."技"是什么

师：假如你是晚清墨守成规的大臣，你会向西方学习什么呢？

生：科技和军事。

师：对，这就是今天我们要学习的第二个关键字"技"。"技"是什么

呢？研究这个问题之前我们先来看看"技"不是什么吧！（出示戊戌变法的图片和辛亥革命的图片）

师："技"不是学习西方的政治制度，也不是学习西方的民主思想。"技"仅仅是学习西方的军事技术与科学技术，就是"器物"（板书）。

师：晚清官员这场学习西方"器物"的运动被称为"洋务运动"。下面请各小组根据下发的洋务运动知识表结合教材合作完成它，看哪组完成得又快又好。

表3-20

洋务运动起止时间	
洋务运动代表人物	
洋务运动的口号	
洋务运动的目的	

（使用实物投影，展示部分小组填写结果，分别请学生对其他小组填写的结果进行点评，并纠正错误）

师：课前布置各组搜集资料，下面分别请军事工业组、民用企业组、近代教育组、外交组为大家展示他们的学习成果。

（教师板书归纳军事、民用、教育、外交等内容，并实时点评）

师：请同学们用简单的语言概括洋务运动的内容。

生：一个字"技"。

设计思路：此环节设计重在发挥小组合作学习的优势，材料的选择符合本课设计的基本逻辑。同时把十几分钟的时间交给学生，给学生创造一次课堂展示的机会。在教师适时鼓励下学生搜集资料、合作探究、提取信息、语言表达等能力得到锻炼。

3."技"的结果和评价

师：当我们回顾洋务运动的时候，我们听到了不同的声音：有人说洋务运动是我国近代化的起步，应该给予肯定；也有人说洋务运动最终还是失败了，所以作用不大。请亮出你的观点，辩一辩"洋务运动利大于弊还是弊大于利"。

（学生自由选择正反两方进行自由辩论，教师实时点拨，最后总结陈词）

师：洋务运动的评价能不能离开"技"字呢？当然不能。从运动内容上看，出现了我国第一条铁路，让国人了解了西方的科技成果，奠定了中国近代工业的基础，是值得肯定的。但局限性也是明显的。在"中学为体，西学为用"的指导思想下，对后来继续向西方学习带来了重重阻碍，从这一点上看是值得深思的。

设计思路： 通过学生的争辩，培养学生的思辨能力、语言表达能力、资料整理运用能力，同时可以锻炼学生的胆量。对学生辩论中出现的问题，教师不必急于否定，关键是要把评价洋务运动归结为一个"技"字，这就使这个知识难点变得容易理解。

（三）课堂总结，梳理板书

师：请用简单的语言概括本节课所学内容。

生：今天我们学习的内容可以用一个"技"字来概括。

设计思路： 在教师的引导下，结合板书内容，达到化繁为简、小结课堂的目的。

（四）巩固提升，拓展延伸

中国近代史上最具争议的人物——李鸿章。对于他的功过是非，一直以来都是毁誉参半：刽子手、卖国贼，同时是洋务运动领袖、中国开放第一人。你怎么看？亮出你的观点，写一篇300字左右的短文。

设计思路： 八年级学生对有争议的人或事特别感兴趣，给他们提供一个机会去探究、去发现，启迪智慧，感受学习的快乐。

三、课后部分——教学后记

1. 课后学生作业反馈

从学生课后作业的完成情况来看，85%的学生基本达成学习目标，能在掌握洋务运动基本史实的前提下对历史事件有更深入的思考，特别是历史时空观念有所增强。

2. 学生实践活动安排

查阅洋务运动三十年的文献资料，整理制作一份洋务运动思维导图。

3. 教师课后教学反思

课堂上，学生精彩的展示与激烈的辩论，小组竞赛以及学生冷静地反思，无不展现了课堂的活力和智慧，这让笔者和学生真正体会到教与学的快乐。充分相信学生，鼓励学生积极参与到课堂中来。师生合力，共创灵动的课堂！